Carl W. S Aurivillius

Studien über Cirripeden

Carl W. S Aurivillius

Studien über Cirripeden

ISBN/EAN: 9783743343030

Hergestellt in Europa, USA, Kanada, Australien, Japan

Cover: Foto ©ninafisch / pixelio.de

Manufactured and distributed by brebook publishing software
(www.brebook.com)

Carl W. S Aurivillius

Studien über Cirripeden

Die der folgenden Darstellung zu Grunde liegenden Cirripeden stammen, wie eine im vorigen Jahre gelieferte vorläufige Mittheilung angiebt, aus den Weltmeeren, und zwar aus dem nördlichen Eismeere, dem Atlantischen, Indischen und Stillen Ocean. Mit nur wenigen Ausnahmen sind sie während früherer oder späterer schwedischer See-Expeditionen — der Weltumseglung der Fregatte Eugenie in den Jahren 1851—53, der Grönländischen Ingegerd-Gladan-Expedition 1871, der Novaja-Semlja-Expeditionen 1875 und 1876, der Vega-Expedition 1878—80, der Gunhild-Expedition in der Nordsee 1879, der Grönländischen Sofia-Expedition 1883 — eingesammelt oder von einzelnen Forschern, wie Ingen. J. A. WAHLBERG und Doctor A. GOËS bezw. aus Süd-Afrika und dem Antillenmeere, oder auch von Schiffskapitänen, wie Kapit. G. C. ECKMAN aus dem Atlanten und Kapit. E. SVENSSON aus dem Stillen Ocean, heimgebracht worden. Einige, in dem Indo-Malayischen Archipel heimisch, sind vom Verfasser während einer im Jahre 1891 gemachten Reise angetroffen.

Sämmtliche Arten sind entweder im Reichsmuseum zu Stockholm oder im Universitätsmuseum zu Upsala aufbewahrt; und zwar bin ich den Prefekten dieser Museen, den Herren Prof. S. LOVÉN und T. TULLBERG zum besten Dank verpflichtet wegen ihres Wohlwollens, die freie Verfügung des werthvollen Materials während längerer Zeit zu gestatten.

Von den früher bekannten Formen ist besonders die Gattung *Alcippe* berücksichtigt und zugleich mit der neuen, in Korallen bohrenden Gattung *Lithoglyptes* — gleichwie jene der Unterordnung *Abdominalia* angehörig — anatomisch und biologisch verglichen worden. Das Material zu den Untersuchungen über Alcippe stammt von der schwedischen Westküste, wo das Thier auf geeignetem Boden in Buccinum-, Fusus- oder Littorina-Schalen sich findet, und zwar immer in solchen die von Paguren bewohnt sind, während dass in von den Krebsen nicht eingenommenen oder verlassenen Schalen höchstens nur leere Alcippe-Höhlen zu sehen sind.

Der postembryonalen Entwicklung der Tiefsee-Scalpellen ist besondere Aufmerksamkeit gewidmet und zwar in Vergleich mit derjenigen anderer, in der Meeresoberfläche oder in geringen Tiefen lebender Lepadiden.

Insofern das Studium der Morphologie oder Beobachtungen über das Leben der Thiere dazu Anleitung gegeben, sind die biologischen Verhältnisse den morphologischen gegenüber gestellt, und zwar zunächst in der Absicht, den muthmasslichen Grund der grösseren morphologischen Abänderungen darzulegen, welche als Unterscheidungsmerkmale der Gattungen gelten. Was die Arten betrifft, wird ihre Verwandtschaft innerhalb der Gattung jedesmal besonders besprochen, es sei dass eine solche im Bau des deckenden Mantels, in demjenigen der appendikulären Organe oder anderswo sich kundgiebt, um daraus Schlüsse nach der einen oder anderen Richtung zu ziehen, je nachdem die Ähnlichkeit wesentlicher oder geringfügiger Art zu sein scheint.

Upsala im März 1893.

A. PEDUNCULATA.

Lepas testudinata C. W. Aurin.

(Taf. I, Fig. 1–3; Taf. VIII, Fig. 1.)

Diagn. Capitulum valvulis 5 subtiliter striatis. Carina a ceteris valvulis distans, solum ²⁄₇ inter terga extensa; umbone pone marginem anteriorem carinae scutorumque sito; parte praeumbonali contra postumbonalem angulum obtusum formante, antice vix latiore. Margo occludens scutorum fere rectus, contra marginem basalem angulum obtusum formans.

Pedunculus cylindricus, ²⁄₅ latitudinis capituli aequans.

Capitulum mit 5 feingestreiften Schalen. Carina von den übrigen Schalen entfernt, nur mit ²⁄₇ ihrer Länge zwischen den Terga hineinreichend; der Umbo hinter dem Vorderrand der Carina und Scuta belegen; der praeumbonale Theil gegen den postumbonalen einen stumpfen Winkel bildend, nach vorne zu kaum breiter. Der Schliessrand der Scuta fast gerade, gegen den Basalrand einen stumpfen Winkel bildend.

Farbe. Wegen des dunklen Pigments der unterliegenden chitinogenen Zellen sind die ziemlich dünnen Kalkplatten bläulich, die zwischenliegende Haut, bei Spiritus-Exemplaren, bräunlich dunkelblau, ebenso der Pedunkel mit Ausnahme des vordersten Theils, dem das dunkle Pigment fehlt. Bei jungen Exemplaren fehlt dasselbe in grösserer Ausdehnung.

Masse. Grösste Länge des Körpers 39 Mm.

Capitulum 21 Mm.

Breite 15

Pedunkels 6

Fundorte und Vorkommen. 1) Süd-Afrika, Taffelbay: eine Menge Exemplare auf im Meere herumtreibenden Gegenständen am 6. Febr. 1873 angetroffen (G. DE VYLDER). RM.[1]

2) Süd-Afrika, Port Natal: 2 Exemplare (WAHLBERG). RM.

[1] Die jeder Art beigefügten RM. oder UM. bezeichnen den Ort, wo die Originalexemplare aufbewahrt sind, und zwar jenes das Reichsmuseum zu Stockholm, dieses das Universitätsmuseum zu Upsala. Die unmittelbar vorausstehenden Personennamen geben deren Einsammler an.

Nach unserer bisherigen Kenntniss scheint also *Lepas testudinata* um die Süd-
spitze Afrikas die um Patagonien, v. Diemens Land und Neu Zeeland vorkommende
Art *Lepas australis* DARWIN zu vertreten.

Syn. 1892. *Lepas testudinata* C. W. AURIVILLIUS, Neue Cirripeden aus dem Atlantischen,
Indischen und Stillen Ocean. Öfversigt af Kgl. Svenska Vet. Akad. Förh.
1892. N:o 3, p. 123. Stockholm.

Descr. *Capitulum.* In dem Verhältniss der unverkalkten Particeen zu den Kalkplatten kommt nur *Lepas Hillii* LEACH dieser Art nahe. Es sind nämlich Scuta und Terga
einerseits von der Carina andrerseits durch weiche Haut getrennt, die auf der Capitulumseite bis zu $^1/_3$ der ganzen Capitulumbreite aufnimmt und auf dem Rücken   zwischen
der hinteren Carinaspitze und der Mündung — eine $^5/_6$ der grössten Tergallänge entsprechende Strecke ausmacht. In Bezug auf Carina (Taf. 1, Fig. 2—3) bietet diese nur
mit *Lepas fascicularis* ELLIS & SOL. einige Ähnlichkeit, indem nur bei dieser Art Umbo
nicht in der Höhe des vorderen Scutalrandes, sondern hinter diesem liegt; der Winkel
zwischen dem praeumbonalen und postumbonalen Abschnitt ist zugleich stumpf, nicht spitz
oder gerade, wie bei den übrigen Arten. Was aber die Form des praeumbonalen Theils
betrifft, macht er höchstens $^1/_3$ der grössten Breite des postumbonalen aus, anstatt dass
bei *L. fascicularis* jener 2—4-mal breiter als dieser ist. Die kleine Scheibe ist ein wenig
in der Haut versteckt. Scuta und Terga erinnern durch die glatte, sehr fein gestreifte
Oberfläche an *L. Hillii*. Tergum hat auch eine ähnliche Form wie bei dieser Art, aber
seine Lage ist, wie aus der Fig. 1, Taf. I erhellt, eigenthümlich, indem es nicht
zwischen Scutum und Carina eingekeilt, sondern bauchwärts geschoben ist. Der Basalrand
des Scutum ist, wie bei *L. Hillii*, am häufigsten konvex, der Schliessrand dagegen
meistens gerade, gegen jenen einen stumpfen Winkel bildend; der neben diesem Rande
laufende Längenkiel ist, wie bei *L. Hillii*, schwach.

Der *Pedunkel* ist dünner als bei den anderen Arten.

Mundtheile. Die Maxillen des ersten Paares (Taf. VIII, Fig. 1) weichen von denjenigen des *Lepas anatifera* L. dadurch ab, dass sie *drei* trianguläre Höcker zwischen der
Aussen- und Innerecke haben, die auf der inneren Seite je eine Menge steifer Stacheln
tragen.

Cirren. Der längere Ast des ersten Paares (= Mundcirren mihi) macht nur $^3/_4$ des
kürzeren Astes des zweiten Paares aus.

Schwanzanhänge. Etwas schlanker als bei *Lepas anatifera* — vergl. Pl. X, Fig. 18
bei DARWIN — und mit winzigen kammähnlichen Stachelreihen versehen. Sie reichen nicht
völlig zum Ende des proximalen Segmentes des sechsten Cirrenstiels.

Fadenähnliche Anhänge (= Filamentary appendages DARWIN). Finden sich zwei
jederseits — wie bei Lepas anatifera und Lepas australis — und zwar auf ähnliche Weise,
der eine von einer Anschwellung unter der Basis des sechsten Cirrenpaares, der andere,
längere unter jenem von der Körperseite ausgehend.

Verwandtschaft. Gleichwie die Carina das beste Unterscheidungsmerkmal der Art
bildet, zeugt sie auch von einer näheren Verwandtschaft derselben mit *Lepas fascicularis*

als mit den übrigen Arten. Es zeigt aber zugleich diese Platte durch ihre Kürze und ihr Verhältniss zu den Terga gegen die Gattung *Poecilasma* hin. Bei der Art *P. eburnea* Hoxos hat der Umbo sogar eine ähnliche Lage wie bei *L. testudinata*. Die Art bietet also ein gewisses Interesse, da nämlich andererseits die inneren Organe für ihre Einreihung in die Gattung *Lepas* sprechen.

Poecilasma vagans C. W. Auriv.

(Taf. I, Fig. 9—12; Taf. VIII, Fig. 10, 16, 22.)

Diagn. Capitulum valvulis 7, scilicet scutis e segmentis duobus adjacentibus formatis. Terga parte postumbonali carinae duplo latiora, margine occludenti os capituli non attingente. Pars praeumbonalis carinae in discum parte postumbonali triplo latiorem expansa, margine antico leviter concavo.

Pedunculus mollis, rugosus, paene $^2/_3$ longitudinis capituli aequans.

Capitulum mit 7 Schalen, indem die Scuta je aus 2 dicht anliegenden Segmenten bestehen. Die Terga doppelt breiter als der postumbonale Theil der Carina, deren Schliessrand die Mantelöffnung nicht erreichend. Der praeumbonale Theil der Carina ist in eine Scheibe, dreimal breiter als der postumbonale Theil, verbreitet, mit schwach konkavem Vorderrand.

Der Pedunkel ist weich, runzelig,[1] fast $^2/_3$ der Capitulumlänge messend.

Farbe. Die grösseren Exemplare sind bräunlich, die jungen heller gefärbt; sämmtlich in Spiritus aufbewahrt.

Masse. Grösste Länge des Körpers 12 Mm.

Capitulum 7

Breite   6.5

Pedunkels 4

Fundort unbekannt. **Vorkommen.** Die Exemplare stecken im Nabel eines *Nautilus umbilicatus*, der wahrscheinlich aus Ostindien stammt. UM.

Syn. 1892. *Poecilasma vagans* C. W. Aurivillius.[2]

Descr. Capitulum besonders bauchwärts und vorne stark aufgetrieben, hinten dünner. Die Scuta also stark konvex, deren Margo basalis mehr ausgeschnitten als bei den früher bekannten Arten und deren vordere Enden nicht immer gerade gegenüber einander belegen. Die beiden Segmente der Scuta durch eine Furche von den Umbones an getrennt; es werden diese auch von besonderen Primordialplatten — bei jungen Exemplaren deutlich bedeckt, von denen diejenige des Schliesssegmentes ein wenig länger als die andere ist. Margo occludens ist mehr bogenförmig ausgeschweift als die trennende Furche und zwar besonders nach hinten, wo er vom Mündungsrande sich ausbiegt. In der Fortsetzung des

---

[1] Es wird hiermit ein Fehler, der sich in der ursprünglichen Diagnose eingeschlichen hat, verbessert.

[2] l. c.

Bogens, also von der Mündung entfernt, liegt der Margo occludens tergorum. Die Capi-
tulumenden nebst einer Strecke um den Mündungsrand sind also unverkalkt. Die Terga
sind triangulär; deren Margo occludens entweder konkav oder konvex; die Breite vom
Umbo zum Scutalrand ist die doppelte der hinteren Carinabreite. Carina reicht ein wenig
zwischen die Terga hinauf, der praeumbonale Theil steht geradwinklig gegen den postumbonalen und ist dreimal so breit wie dieser, am Basalrand der Scuta im Mantel eingegraben; seine Länge beträgt kaum ¼ des Hintertheiles und der Vorderrand ist schwach
konkav. Die Innerfläche ist entweder flach oder ein wenig konvex. Der Pedunkel ist
kurz und dick, von einem derben gerunzelten Chitin bedeckt.

Mundtheile. Die Mandibeln haben wie gewöhnlich bei Poecilasma vier Zähne; der
äusserste ist von den übrigen weit getrennt; die Innerecke ist mit zwei kurzen Stacheln
und die Innerkante sowie die Seitenflächen mit Haaren versehen. Die vorderen Maxillen
(Taf. VIII, Fig. 10) weichen von denjenigen bei P. eburnea dadurch ab, dass sie sich
nach aussen weniger verbreiten und der Einschnitt der Kaufläche sehr tief und im Boden
ohne Stacheln ist; nach aussen von demselben findet sich ein grosser und zwei kleinere
Stacheln, nach innen davon stecken sieben Stacheln und auf dem Innenrand und den Seitenflächen Haare. Die hinteren Maxillen sind breit, stumpf konisch, nach aussen sowie nach
innen mit langen Haaren ausgestattet.

Cirren. Das 1. Paar ist durch eine Strecke von der Länge des die übrigen Cirren
tragenden Körpertheils vom 2. Paare getrennt und nur halb so lang wie dieses; der Hinterast
reicht mit den 2 Endsegmenten über den Vorderast hinauf. Auch zwischen den Ästen der
übrigen Cirren findet sich ein kleiner Längenunterschied. Bei dem 2.—6. Paare stecken
in der Ventralseite der Segmente je 4–5 Börstchenpaare, dorsalwärts finden sich nur
in den Suturen selbst einige kurze Börstchen (Taf. VIII, Fig. 22).

Die *Schwanzanhänge* (Taf. VIII, Fig. 16) sind gestreckt mit einseitig gerundetem
Ende. In dieser gerundeten Seite stecken bis zur Mitte des Anhanges herab lange Börstchen. Es reichen die Anhänge ein wenig höher als das proximale Segment des 6. Proto-
politen.

Fadenähnliche Anhänge fehlen wie bei den früher bekannten Arten.

Verwandtschaft. Durch die aus zwei Segmenten bestehenden Scuta kommt die Art
ohne Zweifel der *Poecilasma fissum* DARWIN am nächsten; es weichen aber die Cirrenbewaffnung, die Lage der Terga und der Pedunkel bedeutend ab. Durch die Carina nimmt
sie unter den bisher bekannten Poecilasma-Arten eine vereinzelte Stellung ein; es erinnert
nämlich diese Platte — mit Ausnahme der Innerfläche und der Stellung zu den Terga —
an die Form und Verhältnisse derjenigen der Gattung *Lepas*, z. B. der *L. anatifera* L.

Poecilasma amygdalum n. sp.
(Taf. I, Fig. 4–6; Taf. VIII, Fig. 14.)

Diagn. Capitulum valvulis 7, scilicet scutis e segmentis duobus adjacentibus formatis. Margo basalis segmenti majoris margine tergali brevior, intus dente

armatus. Terga carina duplo latiora, margine occludenti os capituli attingente. Pars praeumbonalis carinae discum parvum infossum retro spectantem parte postumbonali non latiorem formans. Cirri non nisi in suturis ipsis setis instructi.

Pedunculus granulis creberrimis, seriebus laminarum et annulis chitinosis ornatus, longitudinem dimidiam capituli superans.

Capitulum mit 7 Platten, indem die Scuta aus 2 anliegenden Segmenten bestehen; der Basalrand des grösseren Segmentes kürzer als der Tergalrand, nach innen zahnähnlich hervorstehend. Die Terga doppelt breiter als die Carina; deren Margo occludens die Mantelöffnung erreichend. Der praeumbonale Theil der Carina bildet eine kleine nach hinten gerichtete eingesenkte Scheibe, nicht breiter als der postumbonale Theil. Die Cirren nur in den Suturen börstchentragend. Pedunkel dicht mit Körnern, sowie mit Querreihen von Chitinstäbchen oder -Täfelchen versehen, länger als die Hälfte des Capitulum.

Farbe. Der Pedunkel und die Carina schmutzgelb, die Ränder der Terga, besonders die Margines occludentes, sowie die Cirren, rothgelb. Alles nach Beobachtung auf dem lebenden Thiere.

Masse. Grösste Länge des Körpers - bei gestrecktem Pedunkel — 15 Mm.

Capitulum 7 Mm.

Breite 5

,　Pedunkels 2

Fundort und Vorkommen. In der Javasee bei der Insel Nordwachter unter den Tausendinseln. In der Nähe des Mundfeldes eines ans Land geworfenen *Palinurus* sp. befestigt. 5 Ex. (der Verfasser). RM.

Descr. *Capitulum* mandelähnlich, also viel weniger als bei *Poecilasma aurans* aufgetrieben. Die beiden Scutalsegmente sind durch eine Furche von den Umbones an, die mit besonderen Primordialplatten bedeckt sind, getrennt. Es sind die Segmente zusammengenommen fast elliptisch; der Margo basalis des grösseren Segmentes ist kürzer als der Margo tergalis, der Margo carinalis weniger und der Margo occludens mehr konvex als bei *P. jissum* DARWIN, wodurch die ganze Form des Capitulum mehr elliptisch als bei dieser wird. Das Segmentum occludens der Scuta, sowie der Margo occludens des Tergum und der Carina sind von einer gelben Haut überzogen. Die Terga sind bei älteren Exemplaren vierseitig, indem der Margo carinalis sich winklig theilt. Der Margo occludens tergorum reicht bis an den Mündungsrand hin und die Breite der Terga quer über dem Umbo ist doppelt so gross wie diejenige der Carina. Die Carina reicht ein wenig zwischen die Vorderenden der Terga hinauf und ist besonders nach vorne stark konvex; die Umbonalgegend sowohl als der kurze praeumbonale Theil, welcher nicht breiter als der hintere ist und dessen Spitze sich nach hinten richtet, sind in der Haut versteckt. Die Innerseite ist platt, nur nach hinten zu seicht gefurcht.

Der *Pedunkel* ist quer geringelt, die Ringel durch mit dem Alter tiefe Furchen getrennt, alle mit dicht steckenden Chitinkörnchen, die älteren in der Mitte mit einer Reihe von Stäbchen, die jüngeren mit 2 Stäbchenreihen versehen. Wenn ganz ausgespannt hat er die Länge des Capitulum; wenn zusammengezogen, ist er ein wenig länger als die Hälfte desselben.

Mundtheile. Die Mandibeln haben 4 Zähne, von denen der innerste ebenso lang wie die spitzauslaufende Innerecke ist; die Innerkante ist haarbesetzt, die Seiten kurzstachelig. Die Maxillen erinnern sehr nahe an diejenigen des *P. eagans* (vergl. Taf. VIII, Fig. 10); es steht nur der Innerzipfel mehr hervor und drei äussere Stacheln sind grösser als die übrigen.

Cirren. Das 1. Paar ist von den übrigen entfernt; der hintere Ast ist um 4 Segmente länger als der vordere und fast ebenso lang wie die kürzeren Äste der anderen Paare. Das 2. und 6. Paar sind, wie *P. fissum* — vergl. Pl. X, Fig. 29 bei DARWIN — nur in den Suturen mit einigen Börstchen ausgestattet und zwar sowohl rück- als ventralwärts; in den äusseren Segmenten treten unter den Börstchen Dörnchen auf.

Die *Schwanzanhänge* reichen fast bis zum Ende des distalen 6. Protopoditsegmentes, sind dick, am Ende mit zahlreichen längeren Börstchen, nach hinten bis zur Mitte hinab mit zerstreuten Börstchen versehen.

Verwandtschaft. Gleichwie *P. eagans* schliesst sich auch diese Art der *P. fissum* DARWIN nahe an und zwar sowohl durch die Lage der Terga als durch die Form der Carina näher als jene. Es giebt aber die kürzere Basis des grösseren Scutalsegmentes, sein stärker ausgeschweifter Margo occludens und sein weniger ausgeschweifter Margo carinalis dem ganzen Capitulum eine fast elliptische Form, anstatt der ovalen — mit breiter Basis — bei *P. fissum.*

Es weichen auch der Pedunkel durch Form und Bewaffnung sowie die Appendices caudae durch den Börstchenbesatz ab. Die eigenthümliche Anordnung der Cirrenbörstchen der *P. fissum* findet sich bei dieser Art wieder.

Poecilasma lenticula n. sp.

(Taf. 1, Fig. 7–8; Taf. VIII, Fig. 15 und 28.)

Diagn. Capitulum valvulis 7, scilicet scutis e segmentis duobus adjacentibus formatis; margo basalis segmenti majoris margine tergali brevior. Terga carina triplo latiora; margo occludens os capituli attingens. Pars praeumbonalis carinae discum parvum infossum deorsum spectantem, parte postumbonali non latiorem formans. Cirri praeter in suturis ipsis etiam in latere antico setis instructi.

Pedunculus annulis chitinosis granulisque creberrimis ornatus, longitudinem dimidiam capituli aequans.

Capitulum mit 7 Platten, indem die Scuta aus 2 anliegenden Segmenten bestehen; der Basalrand des grösseren Segmentes kürzer als der Tergalrand. Die Terga dreimal breiter als die Carina, deren Margo occludens die Mantelöffnung erreichend. Der praeumbonale Theil der Carina bildet eine kleine ventralwärts eingesenkte Scheibe, nicht breiter als der postumbonale Theil. Die Cirren ausser in den Suturen auch in der Vorderfläche der Segmente Börstchen tragend. Der Pedunkel mit Chitinringeln und dichten Körnern ausgestattet, halb so lang wie das Capitulum.

Farbe. Der Pedunkel rothgelblich; die vordere Hälfte der Carina, die Ränder des Tergum und des kleineren Scutumsegmentes — ausser am Vorderende — rothgelb; die Cirren weisslich. Alles nach Beobachtungen auf lebenden Exemplaren.

Masse. Grösste Länge des Körpers   6 Mm.

Capitulum 4,5
Breite   3
Pedunkels 1

Fundort und Vorkommen. In der Javasee, bei der Insel Nordwachter unter den Tausend-inseln. Auf den äusseren Theilen — den äusseren Antennen, den Schreitfüssen, den Mundtheilen und dem Abdomen, sowie um das Mundfeld und die Augen — eines aus Land geworfenen *Palinurus* sp. befestigt. Eine grosse Menge Exemplare (der Verfasser). RM.

Descr. *Capitulum* aus 7 Platten, nach vorne demjenigen der P. amygdalum ähnlich, aber nach hinten spitziger; seine grösste Dicke macht nur 2/7 der Länge aus — bei P. amygdalum beträgt die Dicke 2/5 der Länge. Der Margo basalis des grösseren Scutal-segments ist kürzer als der Margo tergalis. Terga um dreimal breiter als Carina. Diese reicht ein wenig zwischen die Vorderenden der Terga hinauf, ist ebenso konvex wie bei P. amygdalum, aber der praeumbonale Theil richtet sich nicht nach hinten sondern bauch-wärts vom Umbo; die Innerseite ist platt. Der Pedunkel ist quergeringelt mit Ringeln aus hartem gelben Chitin und überall mit Chitinkörnchen versehen.

Mundtheile. Die Mandibeln desselben Exemplares haben je 3 und 4 Zähne, in jenem Falle bilden die Zahnspitzen — wenn vereint — mit der Innerecke einen sehr schwachen Bogen — also alle fast gleich ausstehend : in diesem Falle tritt die Innerecke weniger hervor. Bei den Maxillen ist der Einschnitt seichter als bei P. vagans, die Bewaffnung dieselbe.

Cirren. Das 1. Paar ist fast um ⅓ kürzer als das 2. Das 2.—6. Paar trägt ventralwärts in den Suturen zwei lange Börstchen und ein wenig distal von der Mitte jedes Segmentes zwei kurze Börstchen (Taf. VIII, Fig. 28). dorsalwärts nur in den Suturen. Die *Schwanzanhänge* (Taf. VIII, Fig. 15) sind schlank, länger als der 6. Protopodit. Im Ende steckt ein Büschel von Börstchen und im Aussenrand bis unter der Mitte mehrere Börstchenreihen.

Verwandtschaft. Von der geringeren Grösse abgesehen, kommt die Art in ihrer äusseren Erscheinung der vorhergehenden sehr nahe. Auch war ich anfangs geneigt sie nur als die Jungen jener anzusehen; es lehren aber vor Allem die Cirren durch ihre ganz abweichende Verhältnisse, besonders aber durch ihren Börstchenbesatz, sowie auch die Schwanzanhänge, dass hier eine selbständige Art vorliegt, welche von P. fissum sich mehr als P. amygdalum entfernt.

Poecilasma tridens n. sp.

(Taf. I, Fig. 13; Taf. VI, Fig. 12; Taf. VIII, Fig. 13 und 29.)

Diagn. Capitulum valvulis 7, scilicet scutis e segmentis duobus adjacentibus formatis. Terga antice tridentata, dente medio inter segmenta scutorum interjecto. Margo tergalis segmenti scutorum majoris undulatus. Circa $^1/_6$ carinae inter terga porrecta; pars praeumbonalis in discum parte postumbonali vix duplo latiorem expansa, margine antico leviter concavo, angulum fere rectum contra hanc formans.

Pedunculus mollis, creberrime transversim rugosus, longitudinem capituli vix superans.

Capitulum mit 7 Platten, indem die Scuta je aus 2 dicht anliegenden Segmenten bestehen. Die Terga nach vorne dreizipfelig, indem ein medianer Zipfel zwischen die Enden der Scutalsegmente hineingeht; der Tergalrand des grösseren Scutalsegmentes wogenförmig gebogen. Carina geht mit $^1/_6$ ihrer Länge zwischen die Terga hinein; ihr praeumbonaler Theil ist in eine längliche Scheibe mit schwach konkavem Vorderrand, kaum doppelt breiter als der postumbonale Theil verbreitet.

Der Pedunkel ist weich, dicht querrunzelig, kaum länger als das Capitulum.

Farbe unbekannt.

Masse. Grösste Länge des Körpers 7 Mm.

Capitulum 3

Breite 2

Pedunkels 1

Fundort und Vorkommen. Vier Exemplare wurden auf einem Spiritus-Exemplare von *Macrophthalmus tomentosus* EYDOUX angetroffen, wo sie am vorderen Seitenrande des Rückenschildes hafteten. Die Krabbe stammt aus den Philippinen. RM.

Descr. Das *Capitulum* hat einen schief ovalen Umriss, ist ziemlich geplattet, die grösste Dicke vor der Mitte. Die Platten — besonders aber der hintere Theil der Carina — sind unter sich durch unverkalkte Hautstreifen getrennt. Auch findet sich weiche Haut jederseits vom Umbo der Terga. Das Schliesssegment der Scuta ist — wo am breitesten um $^1/_4$ schmäler als das innere; es läuft mehr nach hinten aus, gegen das Ende dieses eine unverkalkte Spalte offen lassend. Den Enden beider und der zwischenliegenden Spalte entsprechen je zwei Einbuchtungen und ein medianer Zipfel am Scutalrand der Terga. Die praeumbonale Scheibe der Carina geht in geraden Winkel gegen den hinteren Theil mit den Vorderenden der Scuta parallel bis zur Mitte der Capitulumbasis.

Mundtheile. Die Palpen sind stumpf-konisch, von der Basis bis zur Spitze mit einigen Börstchenreihen versehen. Die Mandibeln tragen 4 Zähne, ausser der zahnähnlichen inneren Ecke; die vorderen Maxillen sind ganzrandig — d. h. ohne Einschnitt — mit zehn steifen Börstchen (Stachelchen) versehen. Die hinteren Maxillen sind breit, stumpf konisch mit nach aussen längeren Börstchen.

Cirren. Das 1. Paar ist nur halb so lang wie das 6.; die 5-gliedrigen Äste sind gleichlang. Von den Ästen des 2. Paares ist der eine und das Endsegment länger als der andere. Das 2. 6. Paar trägt bauchwärts den Segmenten entlang 5 6 Börstchenpaare, rückwärts nur in den Suturen einen Büschel von 4 5 Börstchen ein wenig kürzer als die längsten bauchständigen, die ihrerseits entweder länger oder gleich lang als die entsprechenden Segmente sind (Taf. VIII, Fig. 29).

Die *Schwanzanhänge* (Taf. VIII, Fig. 13) reichen nur bis zum distalen Segmente des 6. Protopoditen hinauf; sie tragen in dem einseitig abgerundeten Ende eine Reihe Börstchen von ihrer eigenen Länge und distal von der Mitte wenige in zwei Gruppen stehende Börstchen.

Das äussere 1 a des *Penis* (Taf. VI, Fig. 12) ist um viel dünner als der proximale Theil, übrigens wie diese quergeringelt und mit zerstreuten feinen Haaren besetzt.

Verwandtschaft. Es gehört diese Art durch die Spaltung der Scuta zu der *P.* fissum-Gruppe, und zwar erinnert sie durch den Umriss des Capitulum am meisten an *P. lenticula*. Die Form der Terga, sowie die auseinander gehenden distalen Enden der Scutalsegmente zeichnen sie aber sogleich den anderen Arten gegenüber aus, während dass die Cirrenbewaffnung dem Verhältnisse bei *P. elegans* entschieden ähnlich ist. Es bekommt dieser Umstand ein um so grösseres Gewicht, da die Richtung der Carina-Scheibe ganz dieselbe wie bei dieser Art ist.

Dichelaspis Warwicki J. E. GRAY.

(Taf. VIII, Fig. 26 27.)

Es liegen von dieser Art Exemplare aus drei verschiedenen Fundorten vor und zwar haben einige auf Limulus moluccanus bei Java gefundene den nächsten Anlass zu deren Vergleichung gegeben. Es stellte sich dabei zuerst heraus, dass die aus Borneo stammenden mit jenen völlig identisch sind, sowie dass beide im Ganzen mit der von DARWIN gelieferten Beschreibung stimmen. Freilich sind die Schwanzanhänge ebenso lang als der 6. Cirren-Protopodit — nach DARWIN sind sie nur halb so lang — es dürfte aber dies als Altersunterschied gelten. Zufälligerweise fand sich nämlich auf einem der Borneo-Exemplare ein kleines, nur 1.5 Mm. langes Individ aufsitzend, deren Anhänge nur 1 a des proximalen Protopoditensegmentes ausmachen und nur im abgestutzten Ende mit Börstchen — und zwar 2 — versehen sind. Bei anderen, 3 4 Mm. langen Exemplaren — aus dem Indischen Ocean — messen die Anhänge an Länge die Hälfte desselben Segmentes und tragen in der Spitze 3 Börstchen. *Es scheint also durch die Häutungen nicht nur die relative Länge, sondern auch die Bewaffnung der Abdominalabhänge verändert zu werden.* Dasselbe gilt auch von der *Cirrenbewaffnung.* Während dass nämlich bei den erstgenannten 15 Mm. langen Exemplaren *fünf* Börstchenpaare ventralwärts in den Segmenten stecken (Taf. VIII, Fig. 27), sind bei den Exemplaren von 3 4 Mm. Länge deren nur *drei* (Taf. VIII, Fig. 26), und bei dem 1.5 Mm. langen Individ nur *zwei* vorhanden. Als Altersunterschiede seien übrigens bemerkt: die Schärfe des zwischen dem Aussenzahn und dem 2. Zahn eingehenden Winkels bei den Mandibeln der Jungen, die Abrundung derselben bei den erwachsenen; sowie dass die ovale Kante der hinteren Maxillen bei den Jungen abgerundet, bei den erwachsenen fast gerade ist.

Ob die verschiedene Form des Basalsegmentes der Scuta ebenso vom Alter abhängt oder als Variation zu betrachten ist, stelle ich bis auf Weiteres dahin. Für jenes spricht indessen, dass sämmtliche vorliegende kleinere Exemplare — bis auf wenigstens 6 Mm. Länge — von der China- sowohl als von der Java-See und dem Indischen Ocean herstammend, ein nach hinten ganzrandiges Basalsegment, die grösseren dagegen ein eingebuchtetes haben. Bei Allen ist Tergum nur zweizipfelig.

Das oben erwähnte, nur 1.5 Mm. lange Exemplar ist ohnedies auch dadurch bemerkenswerth, dass es *die Entstehung der Schalen der fraglichen Art ins Licht setzt.* Wie überall bei den Lepadiden, liegt bei Carina und Tergum die Primordialschale gerade im Umbo der bleibenden. Bei Scutum stellt dieselbe ein sehr ausgedehntes Feld dem Margo occludens entlang dar, reicht jedoch nach hinten nicht bis zum Ende des bleibenden Schliesssegmentes. Bei dieser Längenausdehnung findet sich aber kaum eine Spur – höchstens eine sehr geringe Ausbuchtung als Anlage — eines basalen Segmentes vor, welches also, *ohne selbstständigen Umbo, vom unteren Ende jenes hervorwächst.*

Fundorte und Vorkommen.

1) China-See, bei Labuan an der Westküste Borneo's. Mehrere Exemplare. (Die Vega-Expedition). RM.

2) Java-See, bei Batavia, auf der Unterseite des Kopfbrustschildes zweier *Limulus moluccanus.* 3 Ex. (der Verfasser). RM.

3) Indischer Ocean, weil mit *Platylepas* zusammen, vielleicht auf einer Seeschlange angetroffen. UM.

Dichelaspis alata n. sp.
(Taf. II, Fig. 6 7.)

Diagn. Capitulum oblique ovatum, valvulis 5. Terga antice 3-laciniata (vel 2-sinuata). Segmenta scutorum lata, antice adjacentia; segmentum occludens versus sinum ventralem tergi spectans, segmentum basale laciniis duabus, altera postice, altera carinam versus spectanti, sinu lato interjecto. Carina postice in medium tergi porrecta, aequaliter curvata, ramis furcae brevibus, a basi divergentibus.

Pedunculus antice crassior, longitudine capitulum aequans.

Capitulum schief oval, mit 5 Schalen. Terga nach vorne durch zwei tiefe Einbuchtungen 3-zipfelig. Die Scutalsegmente sind breit, im vordersten Drittel an einander liegend. Das Ende des Segmentum occludens ist gegen den ventralen Sinus des Tergum gerichtet. Das Basalsegment ist zweizipfelig; die Zipfel, von denen der eine gegen den dorsalen Sinus des Tergum, der andere rückwärts gerichtet ist, sind durch eine breite seichte Einbuchtung getrennt. Carina bis in die Höhe der Mitte der Terga

hinauf reichend, ist ebenmässig und stärker als der Ventralrand gebogen; die Furcaläste
sind kurz, von der Basis divergirend.

Pedunkel nach vorne dicker, von der Länge des Capitulum.

Farbe unbekannt.

Masse. Länge des Körpers   3,5 Mm.

Capitulum 2

Breite   1,5

Fundort und Vorkommen. Javasee, die Tausendinseln, auf den Kiemen eines ans Land geworfenen *Palinurus* sp. angetroffen. 1 Ex. (Der Verfasser). BM.

Descr. *Capitulum.* Der Mündungsrand ragt ventral unbedeutend über den vorderen hervor, der im Ganzen viel weniger als der hintere gekrümmt ist. Von oben (Fig. 7)
hat das Capitulum die Form einer von der Kante aus gesehenen Mandel, kaum dicker als
der Pedunkel. Die Rückenkontur distal von Carina ist ein wenig zugeschärft.

Mundtheile. Die Mandibeln haben 4 Zähne und deren Innerecke ist 3-spitzig.

Cirren. Das 1. Paar ist grösser als das halbe zweite. Das 2.- 6. Paar trägt ventralwärts den Segmenten entlang 5—7 lange Börstchenpaare, dorsalwärts in den Suturen
4—5 Börstchen ein wenig kürzer als die ventralen.

Schwanzanhänge. Diese reichen nur wenig über das proximale 6. Protopoditsegment
hinauf und sind ungef. ¼ so breit wie das distale Protopoditsegment. Sie tragen nur in
der Spitze einen Büschel von Börstchen, um viel länger als die Anhänge selbst.

Verwandtschaft. Es erinnert diese Art durch den Umriss des Capitulum mehr an
Dichelaspis Warwicki als an eine der im folgenden als neu beschriebenen Arten. Wiewohl
stärker ausgebildet und nach vorne mehr zusammenhängend als bei D. Warwicki zeigen
die Scutalsegmente dieselbe Wachsthumstendenz als bei dieser, auch können die Terga der
D. Warwicki mitunter 3-zipfelig sein - vergl. Pl. 2, Fig. 66 bei DARWIN —; die Inser-
tion und Form der Carina-Furca sowie die Bewaffnung der Schwanzanhänge sind aber
ganz verschieden.

Dichelaspis sinuata n. sp.
(Taf. II, Fig. 3 -5.)

Diagn. Capitulum valvulis 5. Terga late ovata, sinu antico fere mediano, magno,
segmento occludenti scutorum fere contrario. Segmentum basale a basi
capituli divergens, contra segmentum occludens angulum acutum formans.
Carina vix ad medium scutorum porrecta, parte dimidia postica margini
orificii fere parallela, antice curvata, furca magna in basi capituli inserta,
ramis cum basi parallelis.

Pedunculus antice crassior, capitulo plus minusve longior.

Capitulum mit 5 Schalen. Terga breit oval, nach vorne zu durch einen tiefen Einschnitt, der dem Schliesssegment des Scutum fast gegenüber liegt, zweizipfelig. Die Scuta-Segmente, das eine vom Schliessrande, das andere von der Basis divergirend, bilden gegen einander einen spitzen Winkel von ungefähr 55°. Carina nach hinten kaum bis zur Mitte der Terga hinaufreichend, ist in der vorderen Hälfte stärker als in der hinteren gekrümmt; die hintere Hälfte dem Öffnungsrand fast parallel. Die breite Furca, deren Äste mit der Capitulum-Basis parallel verlaufen, ist in dieser eingesenkt.

Pedunkel nach vorne dicker, mehr oder weniger das Capitulum in Länge übergehend. (Ist bei dem abgebildeten Exemplare zusammengezogen).

Farbe unbekannt. Die bei den Spiritus-Exemplaren sichtbaren schwarzen Punkte sind die durchscheinenden Nauplius-Augen der Embryonen.

Masse. Länge des Körpers 5 Mm.

Capitulum 2.5

Breite 1.5

Fundort und Vorkommen. Javasee, die Tausendinseln; auf den Kiemen eines ans Land geworfenen *Palinurus* angetroffen. Zahlreiche Exemplare. (Der Verfasser.) RM.

Descr. Bauch- und dorsalwärts gesehen ist das *Capitulum* oval, nach hinten zugespitzt; die Mittellinie des Rückens tritt sogar im äussersten Theile kielförmig hervor. In Seitenansicht ist es demjenigen der D. cuneata und D. aperta ähnlich durch die ventral hervorragenden Mündungsränder. Die Zipfel der Terga variiren; sie sind entweder gleichbreit vergl. die Figur! — oder der eine breiter als der andere. Die Dorsalkontur ist der Basis am nächsten stärker als in der Mitte gekrümmt. Im Mantel stecken sehr feine und kurze Börstchen.

Mundtheile. Die *Palpen* sind stumpf konisch, von der Länge der Mandibeln, mit Fiederbörstchen, etwas kürzer als der Palp selbst, in dem Ende und in der Seite steckend. *Mandibel* mit 5 Zähnen — ausser der zahnähnlichen Innerecke —, deren wenigstens die inneren Nebenzähne an der Basis haben; übrigens finden sich in den Seiten und den Rändern Börstchen. Die *vorderen Maxillen* haben einen Einschnitt in der ovalen Kante. Die *hinteren Maxillen* tragen in dem gerundeten Aussenrand längere Börstchen als in dem inneren.

Cirri. Das 1. Paar macht mehr als die Hälfte des 2. aus. Das 2.—6. Paar ist ventralwärts mit 7—9 Börstchenpaaren, dorsalwärts in den Suturen mit je einem Büschel von 4—5 fast gleich-langen Börstchen ausgestattet.

Die *Schwanzanhänge* reichen beinahe zum distalen Ende des Protopoditen hinauf und ihre Breite macht ungef. ¼ der Breite des distalen Protopoditsegmentes aus. Das distale ⅓ der Hinterseite - nicht aber das Ende — ist mit schlanken Börstchen, deren einige doppelt so lang wie der Appendix selbst sind, versehen.

Verwandtschaft. Unter den für DARWIN bekannten Arten der Gattung steht D. *Lowei* DARWIN der fraglichen Art näher als die übrigen und zwar durch die annähernd ähnliche Form der Terga, sowie durch die Grösse der Scutalsegmente im Verhältniss zu einander. Die Richtung des Basalsegmentes ist aber eine andere und die verschiedene

Form des Capitulum beider Arten bedingt die ganz verschiedene Lage der Carina im Verhältniss zu den Terga. Die Cirrenbewaffnung und die Appendices beider scheinen ähnlich zu sein.

Unter den nach DARWIN, d. i. seit 1851, beschriebenen Arten erinnern *D. Darwini* FILIPPI[1] und *D. Neptuni* MAC DONALD[2] durch ihre Platten an die fragliche Art. Mit dieser hat sie die gegenseitige Richtung der Scutalsegmente zu einander gemeinsam — sie bilden bei beiden einen spitzen Winkel, indem die Basalsegmente von der Capitulumbasis weit divergiren —; die ganze Form des Capitulum und die Lage der Carina ist aber verschieden. Jene, von welcher leider keine Abbildung da ist, scheint zwar durch den Habitus der D. sinuata näher zu kommen, jedoch soll das Basalsegment wie bei *D. Lowei* d. i. mit der Basis parallel verlaufen und dem Schliesssegment in Länge sowie in Breite fast gleich sein. Kennzeichen, welche nicht gut hier zutreffen. In Betracht der Artverschiedenheit der Wohnthiere — es ist D. Darwini bei Palinurus vulgaris angetroffen — und die weit entlegenen Fundorte, kann ich also nicht umhin die fragliche Dichelaspis-Form bis auf Weiteres als besondere Art aufzunehmen.

Dichelaspis trigona n. sp.

(Taf. II. Fig. 8.)

Diagn. Capitulum fere trigonum, valvulis 5. Terga fere trapezoidea, sinu brevi antico-ventrali, segmento occludenti scutorum contrario. Segmentum basale scutorum a basi divergens, versus apicem curvatum, contra segmentum occludens angulum acutum sicut in D. sinuata formans. Carina usque ad partem posticam tertiam tergorum porrecta sicut margo dorsalis capituli fere a basi versus apicem cum margine ventrali valde convergens antice valde curvata; furca magna, ramis a basi paullo divergentibus.

Pedunculus antice crassior, longitudine capitulum aequans.

Capitulum fast 3-seitig, mit 5 Schalen. Terga fast trapezoidisch mit geradem Dorsalrand, nach vorne dem Ventralrand näher mit einem seichten Einschnitt, der dem Segmentum occludens gegenüber liegt. Das Basalsegment der Scuta von der Capitulumbasis divergirend, nach aussen dorsalwärts gekrümmt, bildet gegen das Schliesssegment einen spitzen Winkel von derselben Grösse wie bei D. sinuata. Carina reicht bis in die Höhe des hintersten Drittels der Terga, ihre hintere Hälfte, sowie die Dorsalkontur, gegen den Ventralrand des Capitulum stark und ebenmässig konvergirend; nach vorne ist sie stark gekrümmt; die grossen Furcaläste von der Basis ein wenig divergirend.

Pedunkel nach vorne dicker, von der Länge des Capitulum.

Farbe unbekannt.

Masse. Länge des Körpers   4,5 Mm.
            Capitulum 2,5
      Breite   1,75

[1] Archivio per la Zoologia. Genova 1861. — [2] Proceed. Zool. Soc. of London. 1869.

Fundort und Vorkommen. Javasee, die Tausendinseln, auf den Kiemen eines aus Land geworfenen *Palinurus* sp. angetroffen. 1 Ex. (Der Verfasser). RM.

Descr. Der Mündungsrand des *Capitulum* ragt kaum vor dem übrigen Ventralrande hervor, und der Dorsalrand läuft nur schwach gebogen von der Basis ab ebenmässig zur Spitze des Capitulum. Es bekommt hierdurch das Capitulum den Umriss eines Dreiecks.

Mundtheile. Palpen stumpf-konisch, ebenso lang wie die Mandibeln. Im Ende und in der hinteren Seite stecken Fiederbörstchen. Die *Mandibeln* haben 5 Zähne; auf dem vorliegenden Exemplare sind alle Zähne einfach und besonders die zwei innersten stumpf. Dass dies indessen nur von Abnutzung abhängt, zeigt der im Innern des Kiefers schon fertig gebildete neue Mandibel, dessen Zähne sämmtlich scharf sind, die drei inneren dazu zweispitzig und ausserdem mit Nebenzahn oder -Zähnen an der Basis. Die Seiten und Kanten der Kiefer tragen steife Börstchen. Die vorderen *Maxillen* haben einen eingebuchteten Kaurand, der 7 längere und einige kürzere Stacheln trägt, durch Abnutzung stumpf und kurz. Bei den hinteren *Maxillen* ist der innere, fast gerade Rand mit kürzeren Börstchen als der äussere versehen.

Cirren. Das 1. Paar ist halb so lang wie das 2. Das 2.—6. Paar trägt ventralwärts 7-9 Börstchenpaare, dorsalwärts in den Suturen 4-6 Börstchen, ein wenig kürzer als die ventralen.

Die *Schwanzanhänge* reichen kaum bis zur Mitte des distalen Segmentes des 6. Protopoditen hinauf und sind nur ¼ so breit wie dasselbe Segment. In dem schiefen Ende selbst stecken lange Börstchen.

Verwandtschaft. Die ausgeprägt dreieckige Form des Capitulum, die davon abhängige starke Konvergenz der Carina und des Schliesssegmentes des Scutum nach hinten, sowie die stärkere Krümmung der Carina im Ganzen, die Form des Tergum, die Länge und Bewaffnung der Schwanzanhänge unterscheiden diese Art von D. sinuata, mit welcher sie den Bau der Cirren, die Lage der Scutalsegmente zu einander und des Schliesssegmentes zu den Terga gemeinsam hat.

Dichelaspis cor C. W. Auriv.
(Taf. II, fig. 1 2).

Diagn. Capitulum forma cordis, valvulis 3, scilicet carina scutisque. Segmenta scutorum valvula primordiali inter se conjuncta; segmentum basale pone furcam carinae situm. Terga desunt. Carina capitulo dimidio brevior.

Pedunculus antice crassior, capitulo saepe duplo longior.

Corpus ubique tuberculis chitinosis minutis rotundatis dense ornatum.

Capitulum herzförmig, die Spitze nach aussen. Nur drei Platten sind entwickelt, und zwar Carina und Scuta; Terga fehlen; jedoch ist ihr Gebiet — wie z. B. bei

Paradolepas (*Dichelaspis*) *Neptuni* MAC DONALD [1] sowohl gegen Scuta als gegen Carina durch einen Chitinwulst, sowie durch mit diesem parallele Anwachsstreifen, deutlich abgegrenzt. Die beiden Scutalsegmente sind durch die Primordialplatte verbunden und bilden unter sich einen spitzen Winkel, indem der Basalrand des Basalsegmentes von der Capitulumbasis divergirt. Carina ist nur halb so lang wie Capitulum. Furca verhältnissmässig gross.

Pedunkel oft doppelt länger als das Capitulum, nach vorne doppelt dicker als an der Capitulumbasis. Das ganze Thier — die Kalkplatten ausgenommen — ist mit winzigen gerundeten Chitinhöckern dicht besetzt.

Farbe unbekannt.

Masse. Länge des Körpers 5 Mm.

Capitulum 2

Breite 2

Fundort und Vorkommen. Süd-Afrika, bei Port Natal, auf den Kiemenblättern eines brachyuren Dekapoden massenhaft befestigt. (WAHLBERG). RM.

Synon. 1892. Dichelaspis cor C. W. AURIVILLIUS. [2]

Descr. Von der Rücken- oder Bauchseite gesehen ist *Capitulum* plattelliptisch, nach hinten gespitzt. Das Basalsegment der Scuta variirt — vom Alter unabhängig — a) an Form, indem es entweder gleichbreit oder rückwärts höher, dadurch triangulär ist; b) an Breite im Verhältniss zum Schliesssegment, indem es entweder ebenso schmal wie dieses oder bis 4-mal breiter ist; c) an Richtung, indem sein Aussenrand entweder gegen die Mitte des Capitulum hin zeigt oder der Basis desselben näher verläuft — jedoch immer nach hinten von der Carinafurca. Die Schliesssegmente sind lanzettförmig, mit dem Bauchrande parallel; ihren Vorderenden schiesst je ein Zäpfchen des Basalsegmentes entgegen. Die Furcaläste der Carina richten sich entweder nach hinten oder mehr bauchwärts.

Mundtheile. Die Mandibeln haben 4 Zähne, deren wenigstens 2 mit je einem Basalzähnchen versehen sind. Dem Kaurande der vorderen Maxillen fehlt ein Einschnitt.

Cirren. Das erste Paar ist ungef. halb so lang wie das zweite, mit gleichlangen 5-gliedrigen Ästchen. Das 2.—6. Paar trägt ventralwärts in jedem Segmente 6—8 Börstchenpaare, dorsalwärts in den Suturen 3—4 kurze Börstchen.

Die *Schwanzanhänge* sind 1-gliederig, ebenso lang wie das 6. Protopodit und ebenso breit wie die proximalen Segmente der Äste derselben Cirren. Zahlreiche Börstchen stehen in der Spitze — diese sind so lang wie die Anhänge selbst — bis zur Mitte der konvexen Seite.

Verwandtschaft. Die Art theilt nur mit den hier als neu beschriebenen Dichelaspis bullata, angulata, aperta und cuneata das Fehlen der Terga, aber durch die Form des Capitulum erinnert sie einigermassen nur an diejenige des D. angulata. Was wiederum die Form der Platten betrifft, so findet sich das winklig gebogene Basalsegment der Scuta

---

[1] Proceed. Zool. Soc. of London 1869, P. 2; J. D. Mac Donald, on an apparently new genus of minute parasitic Cirripeds, between Lepas and Dichelaspis.

[2] l. c.

bei *D. cuneata* wieder, und zwar wird die Ähnlichkeit mit dieser noch grösser bei solchen Exemplaren von *D. cor*, deren Basalsegment niedrig ist. Die Schliesssegmente liegen aber mit den Vorderenden nicht so unmittelbar an den Basalsegmenten wie bei *D. cuneata*. Durch die Bewaffnung der Cirren ist die Art zwar der *D. bullata* sehr ähnlich, weicht aber von dieser durch die Länge und Dicke der Schwanzanhänge ab. Von *D. angulata* unterscheidet sie sich durch die Länge derselben Anhänge sowie durch die Cirrenbewaffnung.

Dichelaspis angulata n. sp.

(Taf. II, Fig. 9—11; Taf. VIII, Fig. 19. 24.)

Diagn. Capitulum oblique cordatum, apice sinistrorsum verso. Valvulis 3, carina scutisque; scutorum segmenta occludentia antice obtuse angulata, valvula primordiali in angulo sita; segmenta basalia nulla. Terga desunt. Carina aut scutis brevior aut longitudinem scutorum aequans, ramis furcae brevibus.

Pedunculus antice crassior, aut longitudinem capituli aequans aut brevior.

Capitulum schief herzförmig, die Spitze links gebogen. Nur drei Platten vorhanden — nämlich Carina und Scuta. Terga fehlen; jedoch geben concentrische Anwachsstreifen der Haut ihren Platz den anderen Platten gegenüber an. Von den Scuta finden sich nur die Segmenta occludentia, deren vorderstes Viertel einen stumpfen Winkel gegen den übrigen Theil bildet; von der im Winkel selbst gelegenen Primordialvalvel wächst die Platte nach vorne und hinten zu. Carina entweder kürzer als die Scuta — bei grösseren Exemplaren, vergl. die Figur! — oder gleich lang als diese — bei kleineren Exemplaren; die Furcaläste kurz, dick.

Pedunkel nach vorne dicker, entweder von der Länge des Capitulum oder kürzer.

Farbe unbekannt.

Masse. Länge des Körpers   5 Mm. (= das abgebildete Exemplar).

Capitulum 2,5   (   ).

Breite   2   (   ).

Fundort und Vorkommen. Javasee, die Tausendinseln; in der Kiemenhöhle eines aus Land geworfenen *Palinurus* sp. (Ein 1,5 Mm. langes Exemplar sass der Bauchseite einer *Dichelaspis bullata* nahe bei der Mantelöffnung auf.) 4 Ex. (Der Verfasser). RM.

Descr. Von der Rücken- (Fig. 11) oder Bauchseite (Fig. 10) gesehen ist das *Capitulum* eiförmig, nach hinten zusammengedrückt mit scharfen Rändern — besonders scharfem Bauchrande. Es folgen die Scuta diesem Rande nach, der folglich, und zwar vor der Mündung, winklig ist. Die Carina ist von der Seite aus gesehen (Fig. 9) gerade, nur in der Furcalgegend bauchwärts gebogen; die Furcaläste liegen fast in derselben Linie.

Mundtheile. Die Mandibeln haben 3 Zähne, von denen der 2. und 3. Nebenzähne an der Basis tragen. Die Innenecke ist dreispitzig. Die vordern *Maxillen* haben einen geraden Kaurand   ohne Einschnitt , dessen Stacheln von aussen nach innen in Länge abnehmen. In den Seitenflächen stecken Börstchen. Die hinteren *Maxillen* sind kurz, breit gerundet mit dicht stehenden langen Börstchen.

Cirren. Das 1. Paar, vom 2. entfernt, macht ⅔ der Länge desselben aus; die Äste sind gleichlang, 5-gliederig, dicht behaart. Die übrigen Paare nehmen in Länge nach hinten zu; ihre Segmente sind bauchwärts mit 7–9 Börstchenpaaren versehen, rückwärts finden sich nur in den Suturen 6 lange Börstchen; sie sind im Allgemeinen gleich lang als die Segmente. In den letzten und vorletzten Segmenten des 6. Cirrenpaares stecken hie und da winzige, fadenähnliche Bildungen, welche mit dem weichen Innern der Segmente in Verbindung stehen. Es kommt ihnen, aller Wahrscheinlichkeit nach, eine sensitive Funktion zu.

Die *Schwanzanhänge* reichen nur wenig über das proximale Segment des 6. Protopoditen hinauf, und sind nur ½ so breit wie dieses. Von der Spitze an kaum bis zur Mitte der äusseren konvexen Seite stecken Börstchen, deren die distalen eben so lang wie die Anhänge selbst sind.

Generationsorgane. Die Schuppen des Penis sind nicht so dicht wie bei D. bullata geordnet. Von Eiern fanden sich innerhalb des Mantels eines 5 Mm. langen Exemplares um 500, deren Embryonen — 2 Mm. lang — offenbar der Entschlüpfung nahe waren.

Verwandtschaft. Durch den allgemeinen Umriss des Capitulum und die Zahl der Platten nähert sich diese Art zwar am meisten zu *Dichelaspis cor*, jedoch mit dem wesentlichen Unterschiede, dass von den Scuta nur ein Segmentum occludens da ist, ein Segmentum basale im eigentlichen Sinne dagegen fehlt. Wenn aber der Unterschied zweier Scutalsegmente nach der Lage der Valvula primordialis abgemacht wird, dann sollte — nach dem oben gesagten — die vor dem Winkel gelegene Partie der fraglichen Platte als ein rudimentäres Segmentum basale betrachtet werden, dessen eigentlicher Basaltheil fehlt. Dass die Richtung dieser Partie kein Hinderniss für eine solche Deutung sein darf, lehrt das Beispiel einer andern unten als neu erwähnten Dichelaspis-Art, *D. cuneata*, bei welcher das vor der Primordialvalvel gelegene Scutalsegment rechtwinklig gebogen ist, und zwar so, dass der eine längere Schenkel mit der Capitulumbasis parallel läuft, der andere kurze fast in der Fortsetzung des Scutum occludens liegt,[1] von dem er durch eine Sutur getrennt ist.

Obgleich nur bei Dichelaspis angulata unter der Primordialplatte kein unverkalktes Stück sich findet, scheint doch eine Identificirung mit dem Befunde bei D. cuneata ebenso zulässig zu sein als zwischen *D. orthogonia* und den vier übrigen von DARWIN erwähnten Dichelaspis-Arten in Betreff der Verbindung der Scutalsegmente. Dieselbe Bildung der Scuta wie bei D. cuneata findet sich auch bei D. bullata wieder, indem auch dort die Primordialplatte gerade an dem Punkte sich findet, wo die Scuta vor der Mantelöffnung sich begegnen. Die nach vorne von diesem Punkte liegenden Stücke entsprechen also einander in beiden Fällen. Am öftesten sind sie bei D. bullata — — vergl. Taf. II, Fig. 13 — nicht mehr entwickelt als bei D. angulata, also nur ⅕—¼ der Länge der hinteren Scutalstücke messend, bei grossen Exemplaren jener Art laufen sie jedoch bisweilen doppelt so weit nach vorne um sodann in geraden Winkel sich dorsalwärts umzubiegen. Es spricht

---

[1] Der Winkel bei der Primordialplatte ist sehr stumpf.

dieser Umstand wiederum für die Deutung der vor dem Winkel gelegenen Zäpfchen als Rudimente der Segmenta basalia. Durch das Fehlen einer Carina sowie durch die Form des Capitulum steht aber D. bullata entfernter von der fraglichen Art als D. cor. Die Schwanzanhänge sind zwar von derselben Länge wie bei D. bullata aber dicker und mit längeren Börstchen versehen, dadurch an diejenige des D. cor erinnernd. Durch die Bewaffnung der Cirren und zwar durch die dorsalwärts in den Suturen steckenden sehr langen Börstchen unterscheidet sich die Art sowohl von D. cor als von D. bullata.

Dichelaspis aperta n. sp.
(Taf. 1, Fig. 14–16.)

Diagn. Capitulum valvulis 3, carina scutisque. Terga desunt. Orificium magnum, postice latius. Segmenta scutorum occludentia a medio orificio versus basin capituli antice convergentia ibique contra segmenta basalia angulum fere rectum formantia. Carina scutis longior, aequaliter curvata, furca in basi capituli inserta.

Pedunculus antice crassior, aut longitudine capitulum aequans aut duplo longior.

Capitulum mit 3 Schalen, nämlich Carina und Scuta. Terga fehlen. Die Mantelöffnung gross, oval, nach hinten breiter. Die schwach sich schlängelnden Schliesssegmente der Scuta erstrecken sich von der Mitte der Öffnung konvergirend gegen die Basis des Capitulum, wo die Basalsegmente, kürzer als jene, unter geradem Winkel nach hinten ausgehen. Carina länger als die Scuta, ebenmässig gebogen; die Furca in der Capitulumbasis eingesenkt.

Pedunkel nach vorne dicker, entweder von der Länge des Capitulum oder doppelt länger.

Farbe unbekannt.

Masse. Länge des Körpers   8 Mm.
   »   Capitulum 2,5
      Breite   2

Fundort und Vorkommen. Javasee, die Tausendinseln, auf den Kiemen eines ans Land geworfenen *Palinurus* angetroffen. 6 Ex. (Der Verfasser). RM.

Descr. Durch den nach den Seiten ausstehenden Mündungsrand der Mantelöffnung hat das *Capitulum* vom Rücken aus eine nach hinten breite gerundete Form (Fig. 15). In Seitenansicht (Fig. 14) biegt sich die hintere Hälfte des Ventralrandes ein wenig mehr ventralwärts als die vordere und die Dorsalkontur bildet einen ebenmässigen Bogen von der Basis bis zur Mantelöffnung.

Mundtheile. Palpen stumpf konisch mit zahlreichen Börstchen. *Mandibeln* mit 5 Zähnen und einer zahnähnlichen Innerecke, jedoch feiner als die übrigen. Die *vorderen Maxillen* sind ganzrandig mit nach innen kaum in Grösse abnehmenden Stacheln sowie darunter gemischten kleineren. Die *hinteren Maxillen* sind rhombisch mit gerundeten Ecken, die Innerkante hat besonders lange Börstchen.

Cirren. Das 1. Paar ist nur halb so lang wie das 2. Das 2. 6. Paar trägt ventralwärts 7—9 lange Börstchenpaare, dorsalwärts in den Suturen 7—8 Börstchen, wenigstens in den proximalen Suturen von derselben Länge wie die ventralen.

Die *Schwanzanhänge* reichen nur bis zur Mitte des distalen Segmentes des 6. Protopoditen; sie tragen im Ende und im distalen Drittel Börstchen die im allgemeinen um die Hälfte länger als die Anhänge selbst sind.

Penis gestreckt-konisch, spitziger auslaufend als bei D. bullata. Die Spitze ist ohne Einschnitt; die Börstchen ragen also, weil in der Spitze selbst steckend, frei hinaus.

Verwandtschaft. Während dass die Art eine ähnliche Seitenansicht des Capitulum wie Dichelaspis cuneata und D. sinuata darstellt, erinnert sie in Bezug auf die Cirrenbewaffnung an D. angulata und D. cuneata, steht aber durch die Bewaffnung der Schwanzanhänge vereinzelt da.

Dichelaspis cuneata n. sp.
(Taf. 1, Fig. 17—19.)

Diagn. Capitulum valvulis 3, carina scutisque. Terga desunt. Orificium ovatum, postice latius. Segmenta scutorum occludentia a medio orificio antice convergentia, pone basin capituli acute desinentia. Segmenta basalia angulata, parte ventrali segmentis occludentibus breviore in apice excavata. Carina aequaliter curvata partes ventrales scutorum longitudine aequans; ramis furcae cum basi capituli parallelis.

Pedunculus antice crassior, capitulo aut brevior aut duplo longior.

Capitulum mit 3 Schalen, nämlich Carina und Scuta. Terga fehlen. Die Mantelöffnung oval, nach hinten breiter. Die Schliesssegmente der Scuta von der Mitte der Mantelöffnung nach vorne zu konvergirend, hinter der Capitulum-Basis spitz endigend. Die Basal-Segmente geradwinkelig, der ventrale Schenkel kürzer mit ausgeschnittenem hinterem Ende, in welchem die Spitzen der Schliesssegmente wie eingekeilt sind. Carina ebenmässig gebogen, gleich lang wie die ventralen Theile der Scuta. Die Furcaläste laufen mit der Capitulumbasis parallel.

Pedunkel nach vorne dicker, entweder kürzer oder doppelt länger als das Capitulum.

Farbe unbekannt.

Masse. Länge des Körpers 6,5 Mm.
         Capitulum 3
   Breite 2,5

Fundort und Vorkommen. Javasee, die Tausendinseln; auf den Kiemen eines aus Land geworfenen *Palinurus* angetroffen. 2 Ex. (Der Verfasser). RM.

Descr. Das *Capitulum* stellt bauch- wie dorsalwärts einen regelmässigen Oval dar, jedoch ist der Mantel jederseits von den Enden der Scuta an schief gegen den Mündungsrand eingedrückt, beinahe wie gefurcht. In Seitenansicht bietet das Capitulum dieselbe Form wie D. aperta dar, indem die hintere, die Mündung umgebende Hälfte des Mantels ventralwärts ein wenig über die vordere hervorragt. Die Dorsalkontur ist von der Basis bis zur Mantelöffnung regelmässig gekrümmt.

Mundtheile. *Palpen* stumpf konisch, die Börstchen von der Spitze, wo sie halb so lang wie die Palpen selbst sind, an Grösse nach unten abnehmend. Ausser dem schlanken spitzigen Zahn der Innerecke tragen die *Mandibeln* 5 Zähne. Die Seitenflächen und Kanten sind mit Börstchen besetzt. Die *vorderen Maxillen* ganzrandig — ohne Einschnitt — mit ungefähr 6 gleichgrossen längeren und einigen kürzeren, mit jenen abwechselnden Stacheln. Börstchen stecken in den Seiten und um die innere Ecke. Die *hinteren Maxillen* rektangulär mit abgerundeter innerer Ecke; die Innerkante hat längere Börstchen als die äussere.

Cirren. Das 1. Paar ungefähr halb so lang wie das 2. Das 2.—6. Paar ventralwärts mit 7—9 Börstchenpaaren, dorsalwärts in den Suturen mit 5—7 Börstchen, im allgemeinen etwa ¼ kürzer als die ventralen.

Die *Schwanzanhänge* sind schmal — etwa ⅓ so breit als das proximale Segment des 6. Protopoditen — und kurz — von der Länge desselben Segments. Nur im Ende stecken schlanke Börstchen, deren einige doppelt so lang wie der Anhang selbst sind.

Verwandtschaft. Durch die Form des Capitulum sowie durch die Zahl und allgemeine Ausdehnung der Platten steht diese Art ohne Zweifel der *Dichelaspis aperta* am nächsten, hat aber dieser gegenüber die eigenthümliche Segmentirungsart der Scuta sowie die Einschiebung der Segmente in einander aufzuweisen. Während dass ferner die Börstchenausstattung der Cirren an dieselbe Art erinnert, weichen die Schwanzanhänge durch Form und Bewaffnung ab.

Dichelaspis bullata C. W. Auriv.

(Taf. II, Fig. 12—13; Taf. VI, Fig. 10—11; Taf. VIII, Fig. 19, 25.)

Diagn. Capitulum inflatum, valvulis 2 — scutis —, scilicet segmentis occludentibus curvatis, ante aperturam convergentibus, dein paullo divergentibus. Segmenta basalia scutorum, terga et carina desunt.

Pedunculus paene cylindricus, aut longitudine capitulum aequans aut longior.

Capitulum aufgeblasen, mit nur 2 Schalen, den Scuta, deren Schliesssegmente um die vordere Hälfte der Mündung verlaufend nach vorne konvergiren um sodann kurz zu divergiren. Segmenta basalia scutorum sowie Terga und Carina fehlen.

Der Pedunkel ist beinahe cylindrisch, entweder ebenso lang wie oder länger als das Capitulum.

Farbe. Capitulum, sowie Pedunkel, glashell; jenes doch oft wegen des durchscheinenden Körpers und des Darminhaltes schmutzgrau.

Masse. Länge des Körpers bis zu 7 Mm.

        Capitulum   3

        Breite   2,5

Fundort und Vorkommen. Javasee, die Tausendinseln; auf den Kiemen und auf der Innerwand der Kiemenhöhle eines aus Land geworfenen *Palinurus* sp. angetroffen. Zahlreiche Exemplare. (Der Verfasser). RM.

Syn. 1892. Dichelaspis bullata C. W. Aurivillius.[1]

Descr. Von der Rücken- oder der Bauchseite gesehen ist das *Capitulum* eiförmig, nach hinten spitz. In Seitenansicht ist die hintere Hälfte der Bauchseite – um die Mündung – ausgeschnitten. Die Mündung ist nach vorne breiter. Zu beiden Seiten von der vorderen Hälfte derselben laufen die Scuta, welche nur ⅕—⅙ der grössten Mündungsbreite messen; sie sind schwach S-förmig gebogen und hören in der Mitte zwischen der Mündung und der Capitulumbasis auf.

Mundtheile. Die *Palpen* sind stumpf konisch mit zahlreichen Endbörstchen. Die *Mandibeln* haben 4 Zähne, die Innerecke läuft in 3 feine zahnähnliche Spitzen aus. Die *vorderen Maxillen* haben einen nicht eingeschnittenen Kaurand, mit 9—10 Stacheln, deren die äussersten am längsten sind, besetzt. Die *hinteren Maxillen* sind breit, mit schwach konkaver Innerkante, deren Börstchen kürzer als die äusseren sind.

Cirren. Das 1. Paar, vom 2. entfernt, ist nur halb so lang wie dieses; die Äste haben je 5 dicke Segmente. Das 2.—6. Paar trägt bauchwärts 10 Börstchenpaare, rückwärts finden sich nur in den Suturen 3—4 Börstchen.

Die *Schwanzanhänge* sind einfach, schlank – etwa ⅟₄ schmäler als der 6. Protopodit; reichen kaum über das proximale Segment desselben Protopodits hinauf. Von der Spitze bis zur Mitte der konvexen Seite hinab sind sie mit an Grösse abnehmenden Börstchen versehen.

Verwandtschaft. Wenn der Name Dichelaspis als solcher berücksichtigt wird, könnte zwar mit Recht in Frage gestellt werden, ob der fragliche Lepadide, dem ein zwei-segmentirtes Scutum abgeht, in diese Gattung einzureihen sei oder nicht. Aber auch übrigens trifft die Gattungsdiagnose, sowie dieselbe von Darwin begrenzt ist, offenbar auf die fragliche Form nicht ein. Dass ich indessen keinen neuen Gattungsnamen für sie in Anspruch genommen habe, hängt davon ab, dass der Bau des Thieres und zwar besonders der appendikulären Organe hauptsächlich mit denjenigen der Dichelaspis cor stimmt, eine Art die durch segmentirte Scuta und die Anwesenheit einer Carina ohne Zweifel als eine Dichelaspis-Art sich bewährt, obschon auch ihr Terga abgehen. Statt also, wo ein alter Gattungsname bei erweiterter Formenkenntniss auf eine oder mehrere neue Formen in gewisser Hinsicht nicht einpasse, denselben bei Seite zu lassen um einen neuen zu schaffen, halte ich es zweckmässiger, wo der Körperbau im wesentlichen ähnlich ist, mit Beibehalten des alten Namens seinen Umfang demgemäss zu erweitern, dass er die neuen Formen mit umfassen kann. Es geht also dieses Verfahren von der Ansicht aus, dass wo nur

---

[1] l. c.

wenige Formen einer Gattung bekannt sind der Unterschied zwischen wesentliche und unwesentliche Gattungsmerkmale viel schwieriger ist als wo eine grössere Artenreihe vorliegt. Solch ein unwesentliches Merkmal scheint mir aber in diesem Falle gerade die Zahl der Kalkplatten des Mantels zu sein. Denn — wie oben bemerkt — kann die der Gattung kennzeichnende Vertheilung des Mantels in fünf Anwachscentren — von wo aus das Capitulum an Grösse zunimmt und welche durch mehr weniger regelmässige concentrische Anwachsstreifen sich als solche bewähren — auch bei Arten verfolgt werden, bei denen in dem einen oder anderen desselben keine Verkalkung Statt findet. Während dass also — meiner Meinung nach — die Anwesenheit jener Centra, welche niemals wie bei Lepas von einer vollständigen Verkalkung begriffen werden, als Hauptmerkmal des Mantels der *Gattung* Dichelaspis aufgefasst sein muss, bieten sich der verschiedene Grad und Weise der Verkalkung als gute *Artskennzeichen* dar. So wie aber also Dichelaspis bullata nur scheinbar gegen die Fünftheilung des Mantels dieser Gattung spricht, so fällt auch bei genauer Prüfung der Einwurf bezüglich der mangelnden Segmentirung der Scuta weg. Denn wie bei den bisher bekannten und auch bei den hier beschriebenen Arten die Grenzen zwischen den zwei Scutalsegmenten durch die Lage der Primordialplatte angezeigt wird, so kann auch bei D. bullata von zweien Segmenten die Rede sein. In dem Punkte nämlich, wo die beiderseitigen Scuta vor der Mantelöffnung sich am meisten nähern, sind Primordialplatten vorhanden; und zwar sollte demnach die nach vorne divergirenden Enden der Scuta — die übrigens verschieden lang, wenigstens länger als in der Figur, sein können — den Basalsegmenten anderer Arten entsprechen. Auch stimmt hiermit völlig das bei D. angulata obwaltende Verhältniss.

So weit unsre Kenntniss hieher gehöriger Formen gegenwärtig sich streckt, könnte folglich, sogar was diesen Karakter betrifft, die ursprüngliche Darwin'sche Diagnose, wenn auch ein wenig modificirt, beibehalten werden; und zwar trifft der Gattungsname auch bis jetzt auf alle bekannte Formen ein.

Über die von Seite der Cirrenbewaffnung bestehende nähere Verwandtschaft der Art mit D. cor, verweise ich auf das oben gesagte.

Alepas japonica C. W. Auriv.

(Taf. II, Fig. 14–15; Taf. VIII, Fig. 3, 7; Taf. IX, Fig. 3.)

Diagn. Capitulum a latere fere semisphericum, solidum, transverse rugosum, valvulis nullis. Apertura brevis, non tubulosa, simul cum margine antico impendens, angulum obtusum contra pedunculum formans. Crista mediana dorsalis 3–4 gibbosa.

Pedunculus $\frac{2}{3}$ longitudinis capituli aequans paene cylindricus, solidus, rugosus.

Capitulum von der Seite gesehen fast halbspherisch — der Diameter ventral —, aus derbem querrunzeligen Chitin. Platten fehlen. Mantelöffnung kurz, nicht tubenförmig, gleichwie der übrige Bauchrand überhangend, dadurch einen stumpfen Winkel gegen den Pedunkel bildend. Ein median verlaufender Rückenkiel trägt 3—4 kleine Höcker.

Der Pedunkel, ²⁄₃ der Capitulumlänge messend, ist fast cylindrisch, aus derbem runzeligen Chitin.

Farbe. Die in Spiritus aufbewahrten Exemplare sind von dem durch den dicken wie hyaliner Knorpel aussehenden Chitin durchscheinenden Mantelepithel bräunlich (braungelb).

Masse. Länge des Körpers   30 Mm.

Capitulum 18
Breite   14
Dicke   12

Fundort und Vorkommen. Japanisches Meer, Hirado Strasse — in 33° 40′ N. Lat., 129° 18′ O. Long. — in 80 Meter Tiefe bei einer Bodentemperatur von 10 ° Cels., auf Algenstücken befestigt. 8 Ex. (Kapitän E. Svensson). UM.

Syn. 1892. Alepas japonica C. W. Aurivillius.[1]

Descr. Von der Bauch- oder Rückenseite gesehen hat das *Capitulum* einen ovalen Umriss, das dickere Ende nach vorne, die grösste Dicke ein wenig vor der Mitte gelegen. Der Rückenkiel, nach hinten am schärfsten, setzt sich nach vorne, niedriger und abgestutzt, über den Pedunkel fort, wo auch der vorderste Höcker sich findet. Die bauchwärts überhangende Stellung des Capitulum hängt nicht von einer etwa durch den Spiritus erzeugten Kontraktion ab, sondern steht mit der bedeutenden Länge und Richtung der Cirren im nächsten Zusammenhang. Der durch Querfurchen krausenförmige Mündungsrand — siehe Fig. 15 — macht nur ²⁄₃ des ganzen Ventralrandes des Capitulum aus. Der Mantel im Ganzen ist fest, von knorpelartiger Konsistenz, besonders im Rücken sehr dick — bis auf 2 Mm. Die Runzeln sind besonders in der ventralen Hälfte des Capitulum und über dem Pedunkel stark ausgeprägt.

Mundtheile. Die *Oberlippe* helmförmig gewölbt, der freie Rand zwischen den Palpen stumpf-gerundet; jederseits von ihr streckt sich eine Reihe winziger Zähnchen. Die *Palpen* konisch, in der hinteren Seite mit zahlreichen kurz gefiederten Börstchen versehen. Die *Mandibeln* sind 4-gezähnt; die Innerecke trägt einen oder keinen Zahn bei demselben Exemplare. Die Spitze des zweiten Zahnes — von aussen gerechnet — findet sich ungefähr in der Mitte des Kaurandes. Der konvexe Aussenrand ist bis zur Mitte feinstachelig, die Seitenflächen im distalen Theile und zwar besonders gegen den Innenrand zu mit gröberen Stacheln besetzt, welche an der Basis der Zähne kürzer und breiter werden. Der Kaurand der *vorderen Maxillen* ist mit einem durch den hervorstehenden inneren Theil vertieften Ausschnitt versehen; nach aussen davon stecken drei gröbere Stacheln, nach innen eine Menge kleinere. Die *hinteren Maxillen* sind fast rektangulär.

Cirren. Das 1. Paar steht weit vom 2. ab und ist etwa halb so lang wie dieses. Der aus 20—21 Segmenten bestehende Hinterast ist um 4 Segmente länger als der vordere, der 11 Segmente enthält. Die Äste des 2.—4. Paares sind gleich entwickelt. Beim

---

[1] l. c.

5. und 6. ist der Innerast verkümmert, nur ⅓ der Länge und ½ der Breite des äusseren messend, aus 16 Segmenten bestehend. Der Aussenast hat 50—52 Segmente, in deren Bauchseite je 2 sehr lange und 3—4 winzige Börstenpaare, in deren Rückenseite aber nur 2—3 schwache Börstchen in den Suturen stecken. Die Inneräste sind nur auf der Rückenseite mit einem Büschel sehr dünnwandiger Börstchen versehen; es haben diese vielleicht eine sensitive Funktion, deren Art aber jedenfalls bei Spiritus-Exemplaren sich nicht ermitteln lässt. Ohne Zweifel steht die eigenthümliche Verkümmerung dieser Äste mit einer besonderen Funktion in Zusammenhang und zwar lässt ihre Lage unmittelbar zu den Seiten des Penis vermuthen, sie stehen etwa im Dienste der Fortpflanzung; auch im Penisende stecken übrigens dergleichen feine, dünnwandige Börstchen.

Die *Schwanzanhänge* sind 9-segmentirt, nach aussen schmächtig; ihre zwei proximalen Segmente sind aber ebenso breit wie der 6. Innenast. Sie reichen zum Anfang des distalen Segmentes des 6. Protopodits hinauf und tragen am Ende einige Börstchen.

Von den *Fadenähnlichen Anhängen* findet sich nur ein Paar und zwar bei dem 1. Cirrenpaar; sie sind länglich gespitzt und wie gewöhnlich findet sich in ihrem Inneren ein Zweig des Testis.

Verwandtschaft. Das Äussere erinnert am meisten an *A. cornuta* DARWIN, zumal als bei dieser auch ein Rückenkamm mit Erhebungen sich findet und die Scuta ganz fehlen. Jedoch ist schon dabei die auch bei jungen Exemplaren vorwärts gebogene Stellung des Capitulum, die bei allen Exemplaren nur schwach hervorragenden Rückenerhebungen und der lange cylindrische Pedunkel zu bemerken. Die Cirren beider Arten und auch der A. quadrata stimmen in so fern mit einander, dass der Innerast des 5. und 6. Cirrus verkümmert ist, jedoch weichen sie in dem Verhältniss der Segmentzahl ab, indem bei der fraglichen Art der Innerast aus 16, bei A. cornuta und A. quadrata aus 11 Segmenten besteht, während dass der Aussenast bei jener 50—52 Segmente, bei A. cornuta 63 und bei A. quadrata 20 Segmente hat. In Bezug auf die Schwanzanhänge ist zu bemerken, dass obgleich sie bei A. japonica 9-segmentirt, bei A. cornuta 8-segmentirt sind, machen sie bei jener nur die Hälfte des 6. Innerastes aus und reichen nur bis zum distalen Segment des 6. Protopodits, bei dieser kommen sie dagegen dem Inneraste fast, und dem Protopodit völlig in Länge gleich.

Alepas quadrata n. sp.
(Taf. II, Fig. 16—17; Taf. VIII, Fig. 2, 6, 12.)

Diagn. Capitulum forma quadrati, angulis antico-ventrali et postico-dorsali rotundatis; apertura prominente capituli longitudinis ⅔ aequante. Scuta cornea paene triangularia aperturae proxima. Margo carinalis compressa, sine eminentiis.

Pedunculus crassus, transversim rugosus, ½ longitudinis capituli aequans.

Capitulum quadratisch mit gerundeten vorderen-ventralen und hinteren-dorsalen Ecken. Mantelöffnung hervorstehend, ⅔ der Capitulumlänge entsprechend.

Scuta chitinös, fast dreiseitig, unmittelbar vor der Mantelöffnung belegen. Der Carinal-rand zusammengedrückt, ohne Erhebungen.

Pedunkel dick, querrunzelig, macht die Hälfte der Capitulumlänge aus.

Farbe. Mantel weisslich mit einem bräunlichen der Rückenseite des Capitulum und des Pedunkels entlang verlaufenden Streifen. Mündungsränder, sowie die durchscheinenden Cirren rothgelb. Alles nach Beobachtungen auf dem lebenden Exemplare.

Masse. Länge des Körpers 6 Mm.

Capitulum 1
Breite ———— 4

Fundort und Vorkommen. Javasee, die Tausendinseln, unter dem ersten Abdominalsegmente eines aus Land geworfenen *Palinurus* befestigt. 1 Ex. (Der Verfasser.) RM.

Descr. *Capitulum.* Vom Bauche oder vom Rücken aus gesehen hat das Thier einen fast elliptischen Umriss. Die Mündungsränder sind dicht und fein eingekerbt; nach vorne ist die Mündung durch je eine seitliche Einschnürung von dem bauchig aufgetriebenen vorderen-unteren Theil des Capitulum getrennt. Unmittelbar vor diesen Einschnürungen liegen die als Scuta zu deutenden Bildungen; sie sind fast dreiseitig, die kürzeste Seite bauchwärts, die längste nach vorne belegen; sie sind zwar fester als der umgebende Mantel, doch keineswegs verkalkt. Dass sie indessen den Kalkplatten anderer Lepadiden entsprechen, leuchtet von dem Umstand ein, dass, ganz wie bei jenen, concentrische Zu-wachsstreifen im Umkreise sich finden, ihre successive Verdickung und Vergrösserung angebend; ihre Lage im Verhältniss zur Mündung erinnert sehr genau an diejenige der Scuta bei Conchoderma auritum. Ich kann also nicht umhin sie als solche zu betrachten. Ob die winzigen, länglich schief gestellten Chitinverdickungen im Dache der Mündung — bis zu deren Rand verlaufend — als Terga zu deuten sind oder nicht, muss ich aus Mangel an Material dahingestellt sein lassen. Jedenfalls sprechen dafür die Beobachtungen, welche ich bei dem Fundorte über das lebende Thier machte.

Mundtheile. Im Vorderrande der helmförmigen *Oberlippe* stecken Reihen kurzer Zähnchen neben feinen Haaren. Die *Palpen* sind kurz, oval, mit Börstchen im Ende und in der Hinterseite. Der Kaurand der *Mandibeln*, der doppelt breiter als das kleinste Quermass des Fusstheils ist, trägt nur 3 Zähne, in Grösse von aussen nach innen ab-nehmend; die Innerecke bildet einen 4. Zahn. Die *vorderen Maxillen* haben einen ziemlich tiefen gerundeten Einschnitt des Kaurandes, der mit Stacheln — unter denen der äusserste am grössten — bewaffnet ist. Die *hinteren Maxillen* sind kurz, stumpf konisch, mit reichem Börstchenbesatz im Ende und in der Innerkante.

Cirren. Das 1. Paar steht vom 2. ebenso weit ab wie dieses vom 6. Paare. Der äussere-hintere 7-segmentirte Ast ragt mit 3 Segmenten über den inneren-vorderen 6-seg-mentirten hinauf. Die Äste des 2.—6. Paares tragen bauchwärts am distalen Ende der Segmente je 2 lange — 2—3-mal länger als die Segmente — und 3 kleine Börstchen; dorsalwärts stecken in den Suturen selbst 4—5 kurze Börstchen. Die Äste des 2.—4. Paares sind fast gleich lang; diejenigen des 4. haben bezw. 18 und 17 Segmente. Die Inneräste des 5. und 6. Paares sind schwächer und kürzer — 13 Segmente am 5., 11 am 6. Paare gegen 20 Segmente des Aussenastes enthaltend.

Die *Schwanzanhänge* sind sehr schlank, aus 9 Segmenten, dem langen Protopodit der Cirren an Länge gleichkommend. Das distale Ende trägt einen Büschel feiner Börstchen, einige finden sich in den Suturen.

Penis ist dick, fast konisch; nur ein kurzer Endtheil schmal, hie und da mit rückwärts gerichteten Börstchen versehen.

Verwandtschaft. Der äusseren Gestaltung nach kommt diese Art ohne Zweifel dem *A. cornuta* DARWIN am nächsten. Als Unterschiede sind jedoch bei der fraglichen Form hervorzuheben: 1:o) die Entwicklung von — wenn auch chitinösen — Scuta; 2:o) die grosse Breite des proximalen Theils des Capitulum; 3:o) der Mangel an hörnerartige Auswüchse am Rücken[1]; 4:o) die bedeutend geringere Segmentenzahl des 1. Cirrenpaares; 5:o) die geringere Segmentenzahl (20) des Aussenastes des 6. Paares (gegen 63 bei A. cornuta); 6:o) 9 Segmente der Schwanzanhänge (gegen 8 bei A. cornuta), welche bedeutend kürzer sind als der Innerast des 6. Paares u. s. w.

Als Anhang zu *Alepas quadrata* führe ich das in Taf. II, Fig. 18 abgebildete Thierchen, welches ich auf dem Margo occludens scutorum bei Poecilasma vagans[2] antraf, vor. Wiewohl die Form des *Capitulum* derjenigen der Alepas quadrata fremd vorkommt, hängt dies jedoch in der That von dem kaum abgesetzten *Pedunkel* ab, was übrigens durch die innere Begrenzung des Mantels — in der Figur punktirt — schon deutlicher wird. Die Lage und Verhältnisse der Mantelöffnung könnte unter solchen Verhältnissen den Verdacht erregen, es liege hier eine Jugendform der fraglichen Art vor. Die nähere Untersuchung der inneren Organe konnte hierbei allein entscheidend sein, und zwar hat sich bei derselben folgendes herausgestellt.

Mundtheile. Die *Mandibeln* sind an Form und Bewaffnung denen der A. quadrata ähnlich; die *vorderen Maxillen* ebenso, jedoch mit der Ausnahme, dass die nach innen vom Einschnitte gelegene Partie derselben — bei A. quadrata quadratisch — hier rektangulär ist und somit weniger hervorragt, weshalb auch der Einschnitt selbst seichter ist.

Cirren. Die Äste des 1. Paares verhalten sich gegenseitig wie bei A. quadrata; im kürzeren Aste finde ich nur 5 deutliche Segmente, im grösseren dagegen 7. Die Äste des 4. Paares bestehen aus bezw. 8 und 9 Segmenten. Mehr abweichend ist dagegen die Segmentenzahl z. B. des 6. Paares. Obwohl auch hier der Innerast schwächer ist, sind 9 Segmente entwickelt, während dass im Aussenaste deren 10 sich finden. In den Schwanzanhängen sind nur 3 Segmente deutlich, jedoch mit Spuren noch zweier Suturen.

Was also die Mundtheile betrifft, stellen sie kein Hinderniss gegen eine Identificirung mit A. quadrata auf; bei den Cirren bietet, wie mir scheint, das ungleiche Verhältniss der Segmentenzahl der Äste unter sich bei dieser und jener Form die grösste Schwierigkeit. Vielleicht findet aber die Segmentirung bei dem Inneraste früher als bei dem aus-

---

[1] Solche treten doch bei A. cornuta nicht konstant auf.

[2] Diese selbst war im Nabel eines *Nautilus umbilicatus* von unbekannter Herkunft angetroffen.

seren statt. Dass dagegen die Gesammtzahl der Segmente *eines* Astes oder der Schwanz-anhänge bei der kleineren Form geringer ist, darf bei Ähnlichkeit des allgemeinen Baues im übrigen nicht befremden, da derartige Verschiedenheiten ohne Zweifel bei den Häu-tungen und dem Längenwachsthum ausgeglichen werden.

Gymnolepas n. gen. [1]

Capitulum valvulis nullis. Cirri breves, aequales, rami longitudinem stipi-tum parum superantes. Appendices basales cirrorum desunt. Appendices caudae non-articulatae.

Capitulum ohne Schalen. Cirren kurz, gleich lang, die Äste von der Länge der Protopoditen. Fadenähnliche Anhänge bei der Cirrenbasis fehlen. Schwanzanhänge un-gegliedert.

Pelagisch, auf Medusen.

Der *Mantel* im Ganzen ist dünn und schlank.

Von den *Mundtheilen* sitzen die *Palpen* der Oberlippe *breit* auf und sind rhomboidisch. Die *Mandibeln* sind langgestreckt; ihr distaler Theil ist von der Basis nicht eingeschnürt und mit 5 Zähnen nebst einer zahnähnlichen Innerecke versehen. Bei den *vorderen Ma-xillen* ist ebenfalls der distale Theil vom Basaltheile nicht abgesetzt und sein Kaurand ist nicht eingeschnitten, sondern nur schwach wellenförmig mit 8 Stachelgruppen. Die hin-teren Maxillen sind fast halbmondförmig.

Es stellt die Gattung ein Verhältniss der *Cirren* dar, das bei keinem anderen Lepa-diden — nur Anelasma ausgenommen — vorkommt. 1:o) Sind sie nämlich *alle* gleich lang; und 2:o) sind die Äste nicht doppelt länger als ihre Protopoditen, während dass bei den übrigen Lepadiden theils die hinteren Cirren jedenfalls oft bedeutend länger als das erste Paar sind, auch gewöhnlich in Länge nach hinten zunehmen, theils die Äste wenigstens der 2.—6. Cirren doppelt bis mehrmal länger als ihre Protopoditen sind; nur was das erste Paar betrifft ist das Längenverhältniss oft dasselbe wie bei *allen* Cirren des Gymnolepas und Anelasma. Wenn also bei diesen beiden Gattungen eine Reduktion sämmtlicher Cirren eingetreten ist, welche offenbar von ihren den übrigen Lepadiden fremden biologischen Verhältnissen abhängt, so macht sich doch zwischen ihnen ein erheblicher Unterschied geltend. Indem nämlich die Cirren bei Anelasma ganz ohne Bewaffnung sind und eine Segmentirung nur angedeutet, sind diejenigen des Gymnolepas ringsum und gleichmässig mit Börstchen ausgestattet — dadurch an die Bewaffnung des 1. Cirrenpaares der übrigen Lepadiden erinnernd — und haben dazu eine deutliche Segmentirung.

[1] Der Name *Gymnolepas* ist zwar im Jahre 1824 von DE BLAINVILLE in seiner Dict. des Sc. Nat., Art. Mollusca, anstatt *Conchoderma* in Anwendung gebracht; da aber dieser, von OLFERS 1817 gegeben, nunmehr all-gemein anerkannt worden, steht jener Name zur freien Verfügung, passt auch auf den vorliegenden Fall durch seine Bedeutung vorzüglich ein.

Was andere Organe betrifft hat Gymnolepas das Fehlen der fadenähnlichen Anhänge bei der Cirrenbasis nicht nur mit Anelasma sondern auch mit Poecilasma, Dichelaspis, Oxynaspis, Ibla, Scalpellum und — zum Theil — Pollicipes gemeinsam.

Verwandtschaft. Von *Alepas*, welcher Gattung die ohne Zweifel hierher hörende Art A. parasita zugerechnet worden ist — siehe unten —, entfernt sich Gymnolepas a) durch die genannten zwei Merkmale der Cirren; b) durch Fehlen der Fadenanhänge derselben; c) durch ungegliederte Schwanzanhänge und d) durch die Form und Bewaffnung der Mundtheile. Und zwar nimmt die Gattung durch die Mundtheile eine ganz besondere Stellung ein, indem ähnlich gebaute Mandibeln bei keiner der bisher bekannten Gattungen vorkommen, und die vorderen Maxillen ihrem Kautheile nach, übrigens aber nicht — nur mit denjenigen *Ibla's* eine schwache Ähnlichkeit haben. Bezüglich der Cirren hat nur Anelasma solche Verhältnisse der Äste und Stiele wie Gymnolepas aufzuweisen, entfernt sich aber übrigens sehr weit von der Gattung.

Gymnolepas pellucida n. sp.

(Taf. II. Fig. 19; Taf. VII. Fig. 22; Taf. VIII. Fig. 1, 5, 11, 17.)

Diagn. Capitulum bullatum pellucidum, apertura ampla, non prominente. Appendices caudae ad suturam mediam stipitis cirri 6:ti porrectae.

Pedunculus pellucidus, postice crassior, capitulo duplo longior.

Capitulum bläschenförmig, durchsichtig; die Mantelöffnung gross, nicht hervorragend. Schwanzanhänge bis zu der mittleren Sutur des 6. Cirrenprotopodits hinaufreichend.

Pedunkel doppelt länger als das Capitulum, durchsichtig, nach hinten dicker.

Farbe bei zwei Spiritus-Exemplaren: Mantel, sowohl das Capitulum als der Pedunkel, glashell, schwach röthlich. Die Ovarien und Cementdrüsen sowie -ausführgänge röthlich. Körper weissgrau, durch den Darminhalt dunkel. Cirren röthlich.

Masse. Länge des ganzen Körpers 18 Mm.

Capitulum 8

Fundort und Vorkommen. Atlanten, in 33° N. Lat., 30 W. Long., auf der Unterseite einer Medusa befestigt. 2 Ex. (Kapitän G. C. ECKMAN [1] 1892). UM.

Descr. Bei den beiden Exemplaren ist das Innerblatt des *Mantels* nebst dem Körper selbst durch die Mantelöffnung herausgestülpt. Es ist mir dieser Fall auch bei anderen Lepadiden, besonders aber bei den dünnhäutigen, z. B. einigen Dichelaspis-Arten vorgekommen, wenn sie durch Spiritus oder andere Flüssigkeiten behandelt worden sind. Bei der fraglichen Art bekommt das ohnedies sehr aufgetriebene Capitulum hierdurch das Ansehen einer in der Quere ausgedehnten Blase, an deren Ende der Körper hängt.

Mundtheile. Der freie Rand der hohen *Oberlippe* ist fein gezähnt. Die *Palpen* sind weniger scharf als gewöhnlich von der Oberlippe getrennt, treten vielmehr als rhomboidische Zipfel mit breiter Basis zu deren Seiten auf. Jedenfalls ist ihre Zugehörigkeit zu der Oberlippe, den Mandibeln gegenüber, offenbar. Die *Mandibeln* sind verhältnissmässig schmal, fast gleichbreit, und der Kaurand hat 5 Zähne nebst einer zahnähnlichen Innerecke; der Aussenzahn steht doppelt so weit vom 2. als dieser vom 3. entfernt. Die äussere Hälfte des Mandibels ist in den Seitenflächen mit kurzen Börstchen besetzt. Die *vorderen Maxillen* sind am Kaurande schmäler als unter demselben; der Rand selbst ist wellenförmig, mit 4 Gruppen von je 3, 4, 3, 5 fast gleichlangen Stacheln besetzt; darunter finden sich kleinere. Auch bei diesen ist die distale Hälfte oder Drittel mit kurzen Börstchen versehen. Die *hinteren Maxillen*, in der Mittellinie vereint, bieten nur einen kurzen von vorne nach hinten bogenförmigen freien Theil dar, dessen Oberfläche zahlreiche ziemlich lange und schlanke Börstchen oder vielmehr Haare trägt.

Cirren, in Länge unbedeutend nach hinten zunehmend, kurz, dick und fast gerade; die Protopoditen wenigstens halb so lang wie die Äste. Die Äste des 1. Paares sind bezw. 6- und 7-segmentirt. Bei den übrigen Paaren haben beide 7 Segmente. Jedes Segment trägt rings um das Ende steife Börstchen, im Allgemeinen länger als das Segment selbst; auch unter dem Ende, wenigstens bis zur Mitte, stecken dergleichen Börstchen.

Die *Schwanzanhänge* sind ungegliedert, stumpf-konisch, reichen nur bis zum Ende des proximalen Segmentes des 6. Protopodits (weil niedriger befestigt, sind sie jedoch in der That länger als dieses). In der Spitze und der Aussenseite stecken einige wenige kurze Börstchen.

Penis ist 4—5-gliederig, nach aussen schmäler; steife Börstchen stecken a) im Ende der Segmente, besonders des letzten, b) übrigens auf den Segmenten zerstreut. Die Länge des Penis macht ⅔ des 6. Cirrenpaares aus.

Als *Darminhalt* habe ich nur Diatomaceen und Nematocysten unterscheiden können.

Lebensanpassungen. Wie zu erwarten ist, steht das Leben dieser Art auf Quallen mit ganz eigenthümlichen Anpassungen ihres Körpers in Zusammenhang. Die vorliegenden Exemplare sind beide in der *unteren* Seite der Umbrella der Qualle befestigt und zwar sind sie schon dadurch zwischen den Fäden jener geschützt, sei es dass die Qualle in Ruhe oder in Bewegung ist; in diesem Falle sind sie durch ihre Lage gegen den unmittelbaren Wasserdruck aufs beste verwahrt. Aber es ist ausserdem der ganze Mantel wegen seiner Durchsichtigkeit dem Wohnort gut angepasst. Was die Farbe der inneren Organe betrifft liegen zwar keine direkte Beobachtungen über das Verhältniss zwischen dem Wirthe und seinem Ansiedler vor, nach den Spiritusexemplaren zu schliessen durfte aber die rothviolette Farbe der Cirren, des Ovarium und des Cementapparates mit derjenigen der Qualle nicht disharmoniren. Endlich scheint auch die Länge des Ansiedlers, welche im Vergleich mit den Massen der Alepas-Arten auffallend gross ist, in einem gewissen Verhältniss zur Aushöhlung der sich bewegenden Medusaglocke zu stehen.

Von Interesse ist die fragliche Form mit anderen im Meere herumtreibenden Lepadiden, z. B. den Lepas-Arten, zu vergleichen. Es siedeln sich diese als Jungen auf verschiedenen Gegenständen, wie Holz, Pimpsteinen, Algen, Federn u. s. w. an; wenn ausgebildet ragen sie von der Unterlage immer frei hinaus, sind somit den Einflössen des Windes und der Wellen immer bloss gestellt. Was in jenem Falle von grösstem Vortheil war, würde hier vernichtend sein: der dort dünne durchscheinende Mantel ist hier durch einen sehr festen, dicken vertreten, und zwar ist das Capitulum ausserdem durch Ausbildung von die Weichtheile mehr weniger deckenden Kalkplatten widerstandsfähiger geworden; anstatt des dort schwachen schlanken Pedunkels tritt uns hier ein sehr muskulöser entgegen. Endlich zeugen auch die Cirren der Lepas-Arten durch ihre kräftige Entwicklung und ihren reichen Börstchenbesatz davon, dass sie für das Nahrungsbedürfniss ganz auf sich selbst hingewiesen sind, während dass Gymnolepas gerade durch die Bewegungen ihres Wirthes mit allem was ihr nöthig ist versorgt wird, ein Umstand welcher der auch im Vergleich mit den Alepas-Arten geringen Ausbildung der Cirren zu Grunde liegt.

Geschichtliches über die pelagischen Alepas-Formen.

1. Während der französischen Astrolabe-Expedition wurde in der Meeresenge von Gibraltar im Monat Mai 1826 ein Lepadide auf einer Medusa, der Gattung *Equorea* FORSKÅL nahe stehend, angetroffen und im folgenden Jahre von den Ärzten und Naturforschern der Expedition QUOY und GAIMARD unter dem Namen *Anatifa univalvis* bekannt gemacht.[1] Die kurze Beschreibung lautet wie folgt: Cette anatife, d'une seule pièce, gélatineuse, diaphane, a une seule ouverture en devant, verticale et presque constamment béante; la partie postérieure est arrondie et le pédicule, médiocrement allongé, est blanc et transparent. Comme les autres animaux de ce genre, celui-ci est muni de douze paires de cirrhes accouplés sur deux rangs: ces cirrhes médiocrement allongés, blancs, ne se recoquillant point, ont environ dix anneaux tous couverts de poils à leur base. La bouche est très-large. Le reste du corps est d'un blanc mat lavé d'une teinte jaunâtre. Cette Anatife qu'on pourrait aussi nommer *fabiforme*, parcequ'elle a la forme d'une grosse fève, se trouvait sous l'ombrelle d'une Méduse voisine de l'*Equorée* FORSKÅL, à laquelle elle était adhérente. Die eine der beigefügten Figuren stellt das ganze Thier dar, mit *bläulichen* Cirren, übrigens weisslich; die andere giebt einen Cirrus vergrössert wieder, auch bläulich wie in der Hauptfigur mit 3-segmentirtem Protopodit und 12-segmentirten Ästen, in deren Suturen kurze Börstchen stecken, deren Endglied aber in der Spitze unbewaffnet ist.

Mit dieser Beschreibung stimmen freilich die vorliegenden Exemplare was die Beschaffenheit des Mantels sowie die Bewaffnung und gegenseitige Lage der Cirren anbelangt, sie weichen aber durch die Form des Capitulum und die Segmentenzahl der Cirren ab. Das innere Blatt des Capitulum ist zwar mit dem Körper herausgestülpt, aber auch bei natürlicher Lage dieser Theile hat dasselbe nicht die bohnenähnliche Form, welche übereinstimmend in Wort und Bild bei jener sich findet. Das Capitulum ist nicht langgestreckt, sondern vielmehr gerundet, bläschenförmig. Die Cirrenglieder sind im Texte als ungefähr 10, in der Figur als 12 in jedem Aste angegeben. Bei unseren Exemplaren kommen deren nur 7 vor.

2. In seiner Manuel de l'histoire naturelle des Mollusques stellt SANDER RANG eine besondere Gattung *Alepas* für Anatifa univalvis QUOY ET GAIMARD auf und karakterisirt sie folgendermassen:

[1] Ann. des Sc. Nat. T. 10, p. 231; Pl. 7. fig. 8. 8a. Paris 1827.

Animal ovale, comprimé, fabiforme, arrondi près du pédicule, celui-ci médiocrement allongé; cirrhes un peu courts, se recourbant à peine à leur sommet, et composés d'environ dix a douze articles hispides à leur base .

Coquille remplacée par une enveloppe d'une seule pièce épaisse, subgélatineuse et un peu diaphane, sans autre ouverture que celle qui sert au passage des cirrhes, se continuant avec le pédicule, et ne présentant aucune trace de pièces testacées .

Der Artnamen *univalvis* wird, da er einen *Gattungs*karakter bezeichnet, durch *parasita* ersetzt.

3. Während der Weltumseglung mit der Korvette *Coquille* entdeckte LESSON schon im Monat September 1823 im Atlanten auf 25° W. Long. einen pelagischen nicht schalentragenden Lepadiden, der unter einer Medusa, *Diomea cerebriformis* LESS. befestigt war. Es wurde aber das Thier zuerst im Jahre 1830[1] unter dem Namen *Triton* (Alepas) *fasciculatus* LESS. veröffentlicht. Nachdem der Verfasser die *Anatifa univalvis* QUOY et GAIMARD erwähnt hat, sagt er: cette espèce paraît différer de notre Triton fasciculatus, tout en se rapportant au même genre – und spricht sich sodann für die Anwendung des von SANDER RANG vorgeschlagenen Gattungsnamens Alepas aus, dessen Diagnose er indessen ein wenig abweichend aufstellt, nämlich: Animal fabiforme, à enveloppe membraneuse sans pièce calcaire au centre, ovale-allongée, convexe et arquée sur le dos, mince et ouverte en devant, obtuse au sommet, renflée à la base, composée de deux tuniques, l'une externe, consistante, mince, ferme, l'autre interne, débordant légèrement la précédente, très mince, très diaphane, et souvent plissée. Le pedicel est court, ridé, cylindrique, et s'insère sur un pédoncule commun qui reçoit jusqu'à 9 ou 10 individus, formant ainsi une ombelle. Deux languettes bifurquées occupent le bas de l'ouverture orale. Les bras sont au nombre de sept paires de chaque côté, minces, arrondis, a dix articulations ciliées chacune, et terminés en pointe grêle. Über die Art sagt er nur: ce triton est en entier d'un jaune-citron clair. Sa consistance est mollasse.

Theils der Umstand, dass zwei gespaltene languettes – ob chitinös oder verkalkt? an der Basis der Mantelöffnung vorhanden sind, theils die Angabe von *sieben* 10-segmentirten Cirrenpaaren jederseits scheint anzudeuten, dass diese Art von der unsrigen verschieden sei. Es ist das 7. Paar offenbar die Schwanzanhänge gewesen, die cirrenähnlich waren; bei den unsrigen ist dies gar nicht der Fall. Das erste Merkmal, sowie die *ganz* citrongelbe Farbe macht ausserdem wahrscheinlich, dass die Lesson'sche Species mit der von Quoy und Gaimard beschriebenen nicht identisch ist.

4. Es gewinnt diese Ansicht dadurch eine Stütze dass die letztgenannten Verfasser in der im J. 1834 erschienenen Arbeit: Voyage de l'Astrolabe bei Besprechung des Gibraltar-Fundes — hier *Anatifa parasita* genannt — wiederum von den Lesson'schen Languettes nichts erwähnen; auch werden hier wiederum die Cirren blau, ihre Börstchen kurz gezeichnet, während dass die Lesson'sche Form mit *gelben*, längere und dichtgedrängte Börstchen tragenden Cirren abgebildet wird. Möglicherweise darf doch keine allzu hohe Bedeutung der Farbenverschiedenheit beigemessen werden; es sagen nämlich Quoy und

---

[1] Voyage autour du Monde sur la Corvette la Coquille par L. I. Duperrey. Zoologie par Lesson. p. 442; Pl. 16, fig. 6. Paris 1830.

Gaimard in Bezug auf den Pedunkel; il est represente jaunâtre [1] ainsi que le corps du manteau; mais il est des individus qui sont blancs.[2]

Nach dem Gesagten leuchtet es von sich selbst ein, dass so lange noch über den inneren Bau sowie über die möglichen Altersunterschiede dieser pelagischen Alepas-Formen nichts sicheres vorliegt, über die Stellung der fraglichen Art zu ihnen kein entscheidender Urtheil abgegeben werden kann.[3]

Was die **nicht pelagischen Alepas-Arten** betrifft, so stellt die Vergleichung mit ihnen Folgendes heraus:

Unter den 5 bisher bekannten Alepas-Formen fehlen zwar der *A. cornuta*, pedunculata und tubulosa Mantelplatten jeder Art; sie zeichnen sich aber durch eine mehr weniger hervortretende Mantelöffnung aus, ein, wie es scheint, der Gattung Gymnolepas nicht zukommendes Merkmal. Wichtigere Unterschiede bieten aber die Körperanhänge dar. Was nämlich 1:o) die *Cirren* betrifft, ist bei den in dieser Hinsicht bekannten Alepas-Arten die Segmentenzahl der hinteren Cirren viel grösser als diejenige der vorderen. So haben bei *A. pedunculata* die Äste des 1. Cirrenpaares resp. 7 und 8 Segmente, diejenigen des 6. dagegen 14 Segmente; bei *A. minuta* diejenigen des 1. 9 Segmente, des 6. 15 Segmente und bei *A. cornuta* diejenigen des 1. resp. 23 und 13 Segmente, des 6. 63 Segmente des äusseren Astes — der innere ist hier und beim 5. Paare rudimentär, nur 11—13 Segmente enthaltend. Diesen Zahlen entsprechend ist auch die Länge der Äste sowohl als der Protopoditen der hinteren Fusspaare bedeutend grösser als diejenigen des 1. Fusspaares. Bei Gymnolepas sind die hinteren Cirren 7-gliederig, das 1. Paar 6—7-gliederig; alle gleichlang. Was ferner 2:o) die *Appendices abdominales* angeht, so sind sie bei denselben Arten vielgliederig — bei *A. pedunculata* 10-gliederig, bis zum Ende des 5. Segmentes des 6. Cirrenpaares reichend, bei *A. minuta* 7-gliederig, länger als der Protopodit desselben Cirren und bei *A. cornuta* 8-gliederig, von der Länge desselben Protopodits. Bei Gymnolepas sind sie ungegliedert und reichen nur zum Ende des proximalen Segmentes des 6. Protopodits.

Oxynaspis patens C. W. Aurv.

(Taf. III. Fig. 1—2; Taf. VI. Fig. 13—15; Taf. VIII. Fig. 9.)

Diagn. Capitulum valvulis 5. Carina angulo mediano obtuso. Scuta solum dimidiam partem lateralem capituli, scilicet ventralem occupantia.

Pedunculus cylindricus, mollis, capitulo vix dimidio brevior.

Corpus totum — ne valvulis quidem exceptis — aculeis chitinosis rigidum, formam aculeorum Antipathidis, cui affixum, mirum in modum imitantibus.

---

[1] In Voy. de l'Astrolabe 1834.
[2] So ist mit dem in Ann. des Sc. Nat. T. 10. 1827 abgebildeten Exemplare der Fall.
[3] In Monograph on the Cirripedia, the Lepadidae, 1851, p. 163, nimmt DARWIN *Anatifa univalvis* QUOY et GAIMARD und *Triton (Alepas) fasciculatus* LESSON als Synonyma unter seinem *Alepas parasita* SANDER RANG auf. Dieser Art werden scuta cornea zugeschrieben; die verschiedene Farbe der Cirren, die zwar bei der Verf. einigen Zweifel über deren Identität erregt, wird vermuthungsweise auf Rechnung der Spiritus-Einwirkung in dem einen Falle geschrieben.

Capitulum fast trapezinmförmig, die postumbonale Rückenseite am längsten; mit 5 Platten. Carina von dem median belegenen Umbo aus stumpfwinkelig gebogen. Scuta nur die ventrale Hälfte der Capitulumseite jederseits aufnehmend.

Pedunkel cylindrisch, unverkalkt, kaum halb so lang wie das Capitulum. Die ganze Körperoberfläche — die Platten mit einbegriffen — trägt Chitindörnchen, denjenigen des Hornskelettes des *Antipathes*, dem das Thier aufsitzt, auffallend ähnlich.

Farbe unbekannt.

Masse. Länge des Körpers 14 Mm.

Capitulum 8

Breite (über dem Carinalumbo) 4 Mm.

Fundort und Vorkommen. Antillenmeer, unweit der Insel Anguilla, in 125—355 Met. Tiefe. Zahlreiche Exemplare. (A. Goës). RM.

Syn. 1892. Oxynaspis patens C. W. Aurivillius. [1]

Descr. *Capitulum* sowie Pedunkel sind von dicht stehenden, im freien Theile höckerigen oder stacheligen Chitindörnchen besetzt. Wie aus der Taf. VI, Fig. 13 ersichtlich, sind diese Dörnchen direkte Bildungen des Mantelepithels, deren Zellen an ihrer Basis höher als die gewöhnlichen sind. Auch geht bis nahe unter die Spitze ein vom Epithel gefüllter Kanal. Sie setzen nicht nur die Chitinschichten des Mantels durch — die übrigens mit geschlängelten luftführenden Kanälchen reichlich versehen sind —, sondern reichen auch, wenigstens mit dem höckrigen Endtheile, über die weiche Rinde des Antipathes' empor, welche am öftesten das ganze Thier überwuchert. Es kommen aber diese Dörnchen nicht nur den Weichtheilen des Mantels sondern sogar den Platten zu. Diese sind nämlich mit so vielen Kanälen versehen — siehe Taf. VI. Fig. 15 — als Dörnchen in der Oberfläche, und zwar sind diese, von der Verkalkung nicht betroffen, denjenigen des übrigen Mantels völlig ähnlich. Es setzen aber diese Kanäle, wie natürlich, das Vorhandensein des Dörnchens schon bei beginnender Verkalkung voraus; und zwar hat diese also die umliegenden Chitinschichten, nicht aber die derbe Cuticula des Dörnchens betroffen. Als Beleg eines solchen Verhaltens dienen, ausser der Form der Kanäle selbst und der Lage der Kalkschichten in ihrer Umgebung, auch die Ränder der Platten. Diese sind nämlich in der Regel nicht eben, sondern hie und da gerundet ausgeschnitten und zwar immer in den Stellen wo, bei Erweiterung der Platten, ein Dörnchen der neuen Schicht in den Weg trat; es wird anfangs nur theilweise vom Kalke umschlossen und anstatt eines Kanales ist noch nur eine mehr weniger tiefe Rinne da. Zuerst nach wiederholten Schichtenablagerungen kommt das völlige Einschliessen zum Stande.

Die von den Platten frei gelassenen Theile des Capitulum sind theils der ovale oder annähernd rektanguläre Zwischenraum zwischen Carina und Scutum, theils ein trianguläres Feld — mit der Spitze nach vorne — unmittelbar vor der Mantelöffnung und zugleich vor den Umbones der Scuta.

Primordialplatten und Wachsthum der bleibenden Platten. Die Primordialplatte des Scutum ist kielförmig oder triangulär, die abgerundete Basis nach hinten; sie ist ein wenig

[1] l. c.

vom Margo occludens entfernt und ein wenig hinter dessen Mitte belegen. Das Wachsthum geschieht anfangs stärker nach vorne als nach hinten. Die Anwachsstreifen sind concentrisch, mit der grössten Ausdehnung in die Richtung gegen Terga, stark ausgeprägt. Der Schliessrand der Scuta ist in der Quere gefurcht.

Die Primordialplatten des *Tergum* sind oval, in unmittelbarer Nähe der hintersten Spitze gelegen. Das Wachsthum findet von da aus nur nach vorne statt. Der Schliessrand ist wie bei Scutum quergefurcht, und zwar kommt diese Querfurchung in beiden Fällen ohne Zweifel dadurch zum Stande, dass die Chitindörnchen des Mantelrandes eine Zeit lang nur unvollständig von den Kalkschichten umschlossen werden, somit in mehr oder weniger offenen Rinnen stehen bleiben.

Die *Carina* nimmt vor der im Winkel belegenen Primordialplatte fast ebenmässig nach hinten und nach vorne in Länge zu, was aus sehr kleinen Exemplaren ersichtlich ist. Im Umkreis der Carina findet sich dieselbe Crenulirung oder Zackenbildung wie bei den Scuta und Terga, offenbar durch dieselbe Ursache, die also mit der Schichtung nichts zu schaffen hat, entstehend.

Mundtheile. Die *Oberlippe* ist zungenförmig, nach vorne umgebogen, nicht über die Mundtheile gewölbt. Die *Palpen* sind kurz, konisch, mit zahlreichen Börstchen von ihrer eigenen Länge. Die *Mandibeln* tragen 4 oder 5 Zähne — auch bei demselben Exemplare wechselnd — und deren Innerecke ist zahnähnlich; der Abstand zwischen dem 1. und 2. Zahn kommt demjenigen zwischen diesem und der Innerecke gleich. Die *vorderen Maxillen* haben im Kaurande einen seichten Einschnitt; der Aussenzipfel trägt 3, der innere, nur schwach hervorstehende, ungefähr 12 Stacheln; die gerundete Innerkante trägt wie die Seitenflächen zahlreiche zerstreute Börstchen, die Aussenkante winzige Börstchenbüschel. Die *hinteren Maxillen* sind kurz, gerundet, mit dicht stehenden langen Börstchen.

Cirren. Das 1. Paar steht nur wenig vom 2. ab, das nur mit 3—4 Segmenten über den längeren Ast jenes hinauf reicht; der längere Ast ist 11-gliederig, die 2 äussersten Segmente über den 9-gliederigen Vorderast hinaufstehend. Das 2.—6. Paar trägt ventralwärts 4—5 Börstchenpaare von dem kleinen proximalen zu dem äussersten an Grösse zunehmend; dieses ist doppelt grösser als das entsprechende Cirrensegment; dorsalwärts steckt in den Suturen je ein Büschel von 3—4 Börstchen, deren meistens nur eins länger als das entsprechende Segment ist. Die Äste des 5. Paares zählen je 16 und 17 Segmente; diejenigen des 6. Paares je 18 und 19 Segmente.

Schwanzanhänge fehlen gänzlich.

Der *Penis* ist so lang wie das 5. oder 6. Cirrenpaar, schmal, die äussere Hälfte cylindrisch mit nach aussen oder nach hinten stehenden Börstchen.

Verwandtschaft. Der besonders auffallende äussere Unterschied — die Form und Ausdehnung der Scuta — von der einzigen bisher bekannten Art, *Oxynaspis celata* DARWIN, ist von einem nicht unwichtigeren inneren — dem Fehlen der Schwanzanhänge — begleitet. Zu bemerken ist ausserdem die verschiedene Form der vorderen Maxillen. Andrerseits giebt sich die Zusammengehörigkeit beider Formen nicht nur durch die äussere Morphologie im Allgemeinen, z. B. die Wachsthumsart der Platten, zu erkennen, sondern dahin zeigen, meines Erachtens, auch die *biologischen* Verhältnisse. Beide sind nur auf

Hornkorallen, nämlich *Antipathes*-Arten angetroffen, von deren Rinde sie mehr weniger überwuchert werden. Bei beiden treten Dörnchen über die verkalkten sowohl als über die Weichtheile ebenmässig zerstreut auf; und zwar schreibt DARWIN — jedoch nicht ohne Bedenken [1] — dieselben dem Koralle zu. Wie oben angezeigt, nehmen bei *O. patens* diese Dörnchen vom Mantelepithel des Cirripeden ihren Ursprung und, weil nirgends verkalkt und im freien Theile mit Höckern oder Nebendörnchen besetzt, sind sie den Dörnchen der Koralle täuschend ähnlich. Da nun der weichen Rinde des Antipathes alle dergleichen Hornbildungen fremd sind, das hornige Achsenskelett mit ihren Dörnchen aber auf den Cirripeden nicht übergehen kann, so steht auch was *O. relata* betrifft mir keine andere Erklärung der Dörnchen übrig als dass sie, wie im fraglichen Falle, aus dem Cirripeden selbst herstammen. So weit also diese zwei Arten angeben, *kommt der Gattung Oxynaspis eine Art »Mimicry«* zu, was um so mehr auffällt, da dergleichen, sogar die Kalkplatten durchsetzende Dörnchen bei keiner anderen Cirripedengattung bekannt sind. Und zwar wird dem Cirripeden dadurch ein doppelter Schutz gewährt, dass diese Dörnchen nicht nur denjenigen des Antipathes ganz ähnlich sind, sondern offenbar dahin wirken, dass die Rinde der Koralle auf dem Cirripeden dieselben Anhaltspunkte wie auf dem eignen Achsenskelette bekommt, somit den Cirripeden ganz und gar maskiren kann, was bezüglich der Kalkplatten von besonderem Vortheil sein muss.

Über die Stellung von *Oxynaspis*, als Gattung, sei noch bemerkt, dass sie zwar schon durch die Form der Platten, vor Allem aber durch deren *Wachsthum*, z. B. dasjenige der Scuta — vergl. oben —, an die Gattung Scalpellum erinnert und zugleich durch die *Zahl* der Platten den Übergang zu Conchoderma und Lepas vermittelt.

Scalpellum gemma C. W. AURIV.

(Taf. III, Fig. 3–5; Taf. V, Fig. 7.)

Diagn. Capitulum valvulis 13, validis, nudis; primariis longioribus, trigono-pyramidalibus, secundariis brevibus, extrorsum aut carina aut sulco mediano instructis, incurvatis; omnibus reticulato-striatis, in seriebus quattuor dispositis. Apices scutorum tergorumque prominentes, apex carinæ inter terga latens.

Pedunculus verticillis 19–20 confertis squamarum rigidarum alternantium instructus.

Capitulum blüthenknospenähnlich, aus 13 nackten Platten, deren die *primären*, Scuta, Terga und Carina, lang dreieckig-pyramidal, die *sekundären* kurz, einwärts gekrümmt, nach aussen mit einem Mittenkiele oder -furche versehen sind. Die Spitzen der Scuta und Terga ragen frei hinaus; die Spitze der Carina ist zwischen den Terga verborgen.

Pedunkel mit 19—20 dichten Kreisen mit einander abwechselnder — also 9–10 in jeder Längenreihe steckender — harter, nach aussen stehender Kalkschuppen.

---

[1] — it has. I believe, no spines of its own«. Und weiter unten: »the peduncle — is, I believe, without spines«. DARWIN l. c. p. 134–5.

Farbe des in Spiritus aufbewahrten Thieres: kalkweiss, indem keine Weichtheile von aussen
her sichtbar sind.

Masse. Länge des Thieres 37 Mm.
      Capitulum — nach hinten — 25 Mm.
Breite   »   — quer über Subcarina und Rostrum — 26 Mm.

Fundort und Vorkommen. Im nördlichen Eismeere, unweit der Ostküste Grönlands in etwa
1,800 Met. Tiefe auf Thon- und Steingrund. 1 Ex. (Die schwedische Sofia-Expedition im J. 1883). RM.

Syn. 1892. Scalpellum gemma C. W. ACRIVILLIUS. [1]

Descr. *Die Beziehungen der Capitulumplatten zu einander und zu denjenigen anderer Lepadiden sowie der Balaniden.* Es sind besonders zwei äussere morphologische
Merkmale dieser Art, denen in systematischer Hinsicht die grösste Bedeutung beizumessen
ist, und zwar: 1:o) *die scharfe Ausprägung der Skulptur, Form und Grösse der Scuta,
Terga und Carina den anderen Platten gegenüber.* Es bestätigt dies Verhältniss in auffal-
lender Weise einerseits die Thatsache, dass *die in der Entwicklung eines Cirripeden zuerst
auftretenden Platten gerade die Scuta, Terga und Carina sind,* welche durch die sogenannten Primordialplatten angelegt werden; *auf diese fünf beschränkt sich die Plattenzahl
vieler ausgebildeten Lepadiden z. B. der Gattungen Lepas, Poecilasma, Megalasma, Dichelaspis, Oxynaspis und Conchoderma.* Andrerseits, wo mehr als fünf Platten da sind, z. B.
bei Zwergmännchen von Scalpellum, wo auch ein Rostrum auftritt oder bei den hermaphroditischen oder weiblichen Scalpellum-Arten, welche bis auf 15 Platten haben, kommen
ebenfalls den Scuta, Terga und Carina Primordialplatten zu, *die übrigen* dagegen — Rostrum
einbegriffen — *wachsen nicht von dergleichen Platten aus.* Es sind also *jene* Platten
ohne Zweifel als ursprünglicher zu betrachten, weshalb ich sie auch als *primär, diese* dagegen als *sekundär* bezeichnet habe. [2] Bei keinem bisher bekannten Scalpellum der Jetztzeit ist nun die Verschiedenheit der Primär- und Sekundärplatten so augenfällig wie
bei *Scalpellum gemma,* indem diese nicht nur an Grösse und Lage jenen untergeordnet,
sondern nach aussen längs der Mitte breit gefurcht sind — auch einerseits von der Furche
mitunter einen schmalen Längskiel haben — oder wie Rostrum einen zwar breiteren Längskiel tragen, jedoch übrigens geplattet sind, während dass bei den primären die Aussenfläche
durch einen starken Längskiel stumpfwinklig ausgeht, die Platte im Querschnitt also dreieckig ist.

Nur *Scalpellum villosum* DARWIN und *Sc. trispinosum* HOEK weisen einen ziemlich
ähnlichen Unterschied der Lage und Grösse beider Plattengruppen auf, der jedoch nicht
in so fern dies aus den Beschreibungen erhellt — bis auf die Form derselben sich streckt.

2:o) Ist der Diagram des Capitulum, in so fern darin die gegenseitige Einschaltung
der Platten erkannt wird, sehr belehrend, indem er *über die Verwandtschaftsbeziehung der
Balaniden zu den Lepadiden Auskunft giebt.*

---

[1] l. c. p. 126.
[2] C. W. ACRIVILLIUS, Über einige Ober-Silurische Cirripeden aus Gotland. Bihang till K. Svenska Vet.
Akad. Handlingar. Bd 18, Afd. IV, N:o 3, 1892, p. 7.

Es ist aber dies nur dadurch möglich, dass sämmtliche Platten *nach aussen und innen von einander* liegen, bezw. einander mehr weniger überlagern, anstatt dass bei allen übrigen Lepadiden — Scalpellum trispinosum Hoek [1] und Pollicipes mitella L. ausgenommen — die Platten *neben* einander geordnet sind, also von einem Rechts oder Links, Vor oder Hinter die Rede sein muss.

Bezüglich der Stellung der Lepadiden zu den Balaniden hebt nun schon Darwin hervor, dass bei der Gattung Pollicipes und zwar besonders bei P. mitella die Plattenanordnung unter allen die nächste Beziehung zu derjenigen der Balaniden hat. Bei dieser Art sind nämlich die Terga und Scuta nicht nur unter sich eingelenkt — was eben dem Balanidenoperculum kennzeichnend ist —, sondern werden an der Basis theils von sehr langen Lateralia, Carina und Rostrum, theils von zahlreichen kürzeren Sekundärplatten umgestellt. Weil aber die Gesammtzahl dieser gross — sie können bis auf 26 gehen — und ihre Breite gering ist, wird gewissermassen ihre Lage im Verhältniss zu den grösseren versteckt, d. h. der zu Grunde des Schalenkranzes der Balanen liegende Plan und Reihenfolge der Platten ist freilich in ihren Hauptzügen da, aber in Betreff der Carino- und Rostrolateralia nicht deutlich nachweisbar.

Bei Scalpellum gemma ist dieser Plan zum vollen und klaren Ausdruck gekommen, denn erstens sind *die Scuta mit den Terga eingelenkt*, indem sie den basoscutalen Rand des Tergum in eine Furche nach innen von ihrer dorsalen Kante aufnehmen. Zweitens wird *ihre Basis rentral- und dorsalwärts bezw. von Rostrum und Carina und seitwärts von den Rostrolateralia, Lateralia und Carinolateralia umgestellt* und zwar *in zweien abwechselnden Kreisen*, so dass die Platten des äusseren Kreises — *Carinolateralia und Rostrolateralia* — zunächst je *die Basis der Carina und Lateralia* und diejenige *der Lateralia und Rostrum* decken.[2] *Es sind aber diese Platten gerade diejenigen, welche die Bedeckung der typisch zu betrachtenden Balaniden bilden.*

Bei der Gattung Octomeris (vergl. Taf. V. Fig. 8) setzt sich nämlich der Schalenkranz aus 8 Platten zusammen, nämlich a) gegenüber einander liegende Carina und Rostrum, welche bei weitem stärker entwickelt sind als b) die 2 Lateralia, c) die 2 Carino-Lateralia und d) die 2 Rostro-Lateralia, obschon alle dieselbe Höhe haben.[3] Innerhalb des Schalenkranzes findet sich wie bei den meisten Balaniden die zwei Scuta und zwei Terga, unter sich in der Quere eingelenkt und der Länge nach die Mittelspalte zum Durchtreten der Cirri bildend, durch deren Schliessen die vier Platten als wahrer *Deckel* — Operculum — über die Weichtheile sich bewähren. Sie sind alle niedrig, die Scuta anfangs fast horizontal, die Terga nach unten wachsend.

In Bezug auf diese typischen Verhältnisse der Balaniden zwischen dem Schalenkranze und dem Operculum tritt bei *Scalpellum gemma* hervor, dass 1:o) *die Carina allein die Höhe des Operculum erreicht hat*, während dass die übrigen, auch Rostrum, in Länge weit zurück geblieben sind. Es steht aber dieser Lepadide in dieser Hinsicht nicht verein-

---

[1] Leider kann, besonders durch die Winzigkeit der Rostrolateralia, in der Figur Hoek's die Einschaltung der Sekundärplatten nicht völlig ermittelt werden.

[2] Dazu kommt freilich noch eine Subcarina, die jedoch — weil augenscheinlich einem *dritten* unteren Kreise angehörig — den Zusammenhang der übrigen nicht beeinträchtigt.

[3] Dies ist wenigstens bei den Platten der mir vorliegenden *Octomeris angulosa* der Fall, deren distale Enden jedoch, wenigstens bei älteren Individuen, immer verwittert sind.

zelt da; vielmehr *ist dies Verhältniss der Regel*, und zwar sind dabei die Zwergmännchen besonders merklich, wenn anders bei ihnen das ursprüngliche Verhalten sich beibehalten hat. Über die nähere Zugehörigkeit der Carina zu den Terga und Scuta als zum Rostrum spricht jedenfalls die Anlegung jener, nicht aber dieses, durch Primordialplatten. Und, obgleich dies bei Octomeris nicht der Fall ist, macht sich auch bei mehreren Balaniden, z. B. Balanus-Arten, Elminius und Pachylasma, ein Unterschied in Richtung und Höhe zwischen Carina und den übrigen Kranzplatten — Rostrum mit einbegriffen — geltend.

Der einzige *recente* Lepadide, welcher hinsichtlich der relativen Länge der Carina und Rostrum (und Lateralia) sich den Balaniden am meisten nähert, ist übrigens *Pollicipes mitella* L.

Unter den *fossilen* liefert der im Silur Gotlands von Prof. G. Lindström entdeckte *Pollicipes signatus* C. W. Auriv.[1] das alleinige Beispiel ähnlicher Verhältnisse. Wenn übrigens alle Platten da sind, nähert sich dieser Lepadide zu den 6-schaligen Balaniden — z. B. der Gattung Balanus — mehr als zu den 8-schaligen — Octomeris —, indem die Rostrolateralia mit dem Rostrum verschmolzen zu sein scheinen. Weil aber die Sekundarplatten sich nicht überlagern, muss ich auf die Besprechung ihrer gegenseitigen Einschaltung verzichten.

2:o) Der Querdurchschnitt des Scalpellum gemma, sowie der Lepadiden im Allgemeinen, stellt einen schmalen Ellips dar, dessen Breite nur um die Hälfte der Länge beträgt, während dass diese Masse bei den Balaniden fast gleich sind; und zwar hängt damit die verschiedene Lage des Operculum innerhalb des Schalenkranzes bei Balaniden und Lepadiden am nächsten zusammen. Wenn nun von den Operculumplatten, sowie auch von der einzigen accessorischen Kranzplatte bei Scalpellum gemma, nämlich Subcarina, Abstand genommen wird, stellen sich *die Diagramme* folgendermassen heraus: a) *bei Octomeris* (Taf. V, Fig. 8): *Carina* wird beiderseits von den Carinolateralia, *Rostrum* von den Rostrolateralia *überlagert*. Die *Lateralia* werden *einerseits* von den Rostrolateralia *überlagert, andrerseits überlagern* sie selbst die Carinolateralia. b) *bei Scalpellum gemma* (Taf. V, Fig. 7): *Carina* wird beiderseits von den Carinolateralia, *Rostrum* von den Rostrolateralia *überlagert*. Die *Lateralia* werden einerseits von den Rostrolateralia, andrerseits von den Carinolateralia *überlagert*.

Der einzige Unterschied zwischen den beiden Diagrammen besteht also nur in der Einschaltungsweise der Lateralia nach der carinalen Seite zu.

Mundtheile. Die *Oberlippe* ist gegen das Ende höher — wie angeschwollen —, längs der Mitte gefurcht. Die *Palpen* sind breit zungenförmig mit langen Endbörstchen. Die *Mandibeln* haben 3 grosse Zähne, die Innerecke, von der Seite konisch, trägt zahlreiche kleine Zähne oder vielmehr breite Stacheln; übrigens stecken in den Rändern Börstchen. Die *vorderen Maxillen* scheinen einen tiefen Ausschnitt zu haben, was jedoch dadurch hervorgerufen wird, dass der innere Zipfel weit hinaus ragt, denn der grosse Stachel der Aussenecke ist fast in derselben Höhe wie der Boden des Ausschnittes befestigt; der Rand des fast rhomboidischen Zipfels ist gerade, mit ungefähr 11 Stacheln bewaffnet. Die Flächen und Ränder sind dicht mit Börstchen versehen. Die *hinteren Maxillen* sind breit,

---

[1] Siehe die Bemerkung zur Seite 42.

der distale Rand ausgeschnitten und zu beiden Seiten des Ausschnittes, besonders aber nach aussen, mit langen kurzgegliederten Börstchen ausgestattet; der Basaltheil ist vom distalen Theile wie eingeschnürt.

Cirren. Das zweite Paar ragt mit dem letzten Viertel über das erste hinaus und ist von derselben Länge wie das dritte. Die folgenden nehmen nach hinten in Länge zu, so dass das 6. um $^{1}\!/\!_{4}$ länger als das 2. ist. Die Äste aller Paare sind unter sich fast gleichlang. Die Glieder des 1. Paares sind kurz, dick, ringsum mit Börstchen bewaffnet. In den Vorderästen des 2. und 3. Paares sind besonders die proximalen Segmente auch kurz und dick und deren Börstchen gedrängt. In den Hinterästen dieser sowie überall in den hinteren Paaren sind die Segmente länger und die Börstchen ventralwärts in 5—6 Paaren geordnet — in der Mitte jedes Paares 1—2 kleine Börstchen —, dorsalwärts in den Suturen zu Büscheln um je 4—6 beisammen stehend.

Die *Schwanzanhänge* sind einfach, breit zungenförmig, nur $^{1}\!/\!_{3}$ des 6. Protopodits messend; in deren Ende stecken einige Börstchen, kaum so lang wie der Anhang selbst.

Der *Penis* ist sehr schwach, kaum länger als die Cirrenprotopoditen, cylindrisch, am Ende mit feinen anliegenden Haaren ausgestattet.

Verwandtschaft. Die schon von DARWIN nachgewiesene nahe Verwandtschaft der Gattungen *Scalpellum* LEACH und *Pollicipes* LEACH, die er zwar bei Scalpellum villosum am deutlichsten ausgesprochen fand, ist später noch durch die während der Challenger-Expedition angetroffene *Scalpellum trispinosum* HOEK bestätigt. Und wenngleich das Ende der Carina bei Scalpellum gemma nicht frei hinaus ragt — was indessen der Fall sein würde, wären nicht die Tergalenden rückwärts umgebogen —, so stehen doch diese Arten sowohl durch gleiche Plattenzahl als durch deren Anordnung im Grossen einander näher als die übrigen, und zwar bildet also auch Scalpellum gemma ein wichtiges Verbindungsglied zwischen den beiden Gattungen. Da ausserdem der Pedunkel — wie bei allen Pollicipes-Arten — mit Kalkschuppen versehen ist, welche mit derselben Wachsthumsart — von der Spitze aus — wie die Capitulumplatten die Richtung der Sekundärplatten vereinigen, also, wie bei gewissen Pollicipes-Arten, den Übergang jener in diese vergegenwärtigen, so steht diese Art der Gattung Pollicipes ohne Zweifel noch näher als Sc. villosum oder Sc. trispinosum. Was die Weichtheile betrifft haben die beiden Maxillen mit denjenigen der Pollicipes mitella L. eine schlagende Ähnlichkeit.

Dass unter solchen Verhältnissen diese Form jedoch der Gattung Scalpellum beigezählt worden ist, hängt hauptsächlich von dem Fehlen eines Subrostrum und der fadenähnlichen Anhänge (»filamentary appendages« DARWIN'S) sowie von der geringen Zahl der dem Capitulum zuzurechnenden Platten ab, alles Karaktere welche, wo noch die beiden Gattungen getrennt werden, für Scalpellum kennzeichnend zu zählen sind.

Schliesslich sei noch von der oben besprochenen, durch die Einschaltung der Platten bedingten *Verwandtschaftsbeziehung dieser Art zu den typischen Balaniden* erinnert, die um so bemerkenswerther ist als diese Verwandtschaft früher innerhalb der Gattung Pollicipes und zwar bei P. mitella gefunden wurde.

Scalpellum scorpio C. W. AURIV.

(Taf. III, Fig. 6—8; Taf. IX, Fig. 10—13.)

Forma hermaphroditica. **Diagn.** Capitulum valvulis 13, rigidis, cute pubescente tectis. Carina angulata, parte postica ^{1}₅ ^{1}₇ partis anticæ æquante. Subcarina, carino-lateralia et rostrolateralia exstantia, unguiformia. Rostrum triangulum, antice latius, in medio carinatum, apice vix exstante. Lateralia triangula, basi curvata. Umbones valvarum — carina excepta — in apice postico vel exstante siti.

Pedunculus conicus, pubescens, seriebus transversis 3—4 hamulorum minutissimorum inter se remotis instructus.

Hermaphroditische Form. Capitulum mit 13 harten Kalkplatten von feinhaarigem Chitin bedeckt. Carina winkelig; ihr postumbonaler Theil nur ^{1}₅—^{1}₇ des praeumbonalen in Länge messend. Subcarina, Rostrolateralia und Carinolateralia klauenähnlich, herausragend. Rostrum gekielt, von triangulärem Umriss, die Basis nach vorne, die Spitze kaum heraus stehend. Lateralia dreieckig, mit bogenförmiger Basis. Die Umbones der Platten — Carina ausgenommen — in der Spitze belegen.

Pedunkel konisch, die Spitze nach vorne, wie Capitulum feinhaarig mit 3—4 von einander abstehenden Querreihen winziger Kalkhäkchen versehen.

Farbe. In den Spiritusexemplaren ist das Capitulum gelbbraun oder graubraun wegen des durch die Platten durchscheinenden dunkelbraun pigmentirten Mantelepithels. Der Pedunkel ist am häufigsten der Länge nach dunkelbraun gestreift.

Masse. Länge des Thieres 48 Mm.

Capitulum 24 Mm.

Grösste Breite des Capitulum über Rostrum und Subcarina 20 Mm.

Mas pusillus. Diagn. Capitulum valvulis 6 — scilicet scutis, tergis, rostro, carina — —, quarum carina leviter arcuata longissima, rostrum fortiter curvatum brevissimum. Margo tergalis scutorum concavus, margo basalis vel rostralis fortiter arcuatus. Umbones valvularum in apice postico siti. Pedunculus truncato-conicus, sicut capitulum pubescens.

Zwergmännchen. Capitulum mit 6 Platten, nämlich Scuta, Terga, Rostrum und Carina, deren Carina am längsten, schwach gebogen, Rostrum am kleinsten, mehr gekrümmt ist. Der Tergalrand der Scuta ist konkav, deren Rostralrand stark konvex. Die Umbones sind im hinteren Ende der Platten belegen. Der Pedunkel ist vom Capitulum abgesetzt, konisch, gleichwie das Capitulum feinhaarig.

Farbe in den Spiritusexemplaren graugelblich.

Masse. Länge des Thieres 4 Mm.

Capitulum 3

Breite » 2

Fundorte und Vorkommen. 1) Chinesisches Meer, 50 Meile S. von Amoy in 60 Met. Tiefe. Mehrere Exemplare in einer Gruppe vereint. (J. PETERSEN). UM.

2) Japan, in der Hirado-Strasse, 33° 10' N. Br., 129° 18' O. L., in 80 Met. Tiefe, auf Algenstöckchen nebst Alepas japonica befestigt. 2 Ex. (E. SVENSSON). UM.

Zwergmännchen der Ventralfläche jener äusserlich aufsitzend.

Syn. 1892. Scalpellum scorpio C. W. AURIVILLIUS.[1]

Descr. a) *Die hermaphroditische Form.* Ausser der allgemeinen Pubescens der Oberfläche des Thieres finden sich in Anwachslinien der Terga und Carina 4—6 Querreihen grösserer Haare oder vielmehr Börstchen — sie sind nämlich steifer als die übrigen —, deren Spitzen oft in verschiedener Weise einfach oder doppelt häkchenförmig sind, ein Umstand der zweifelsohne zum Festhalten fremder Gegenstände, vor Allem der Thier- oder Algenkolonien welche in der That sich dort niederlassen, dienen. Subcarina, Carinolateralia und Rostrolateralia gehen, von der flachgedrückten Basis sich verschmälernd, nach aussen und sind zugleich nach vorne gekrümmt; ihre konvexe Fläche ist mehr oder weniger vertieft; sowie die übrigen Platten sind sie vom Chitin bedeckt. Sämmtliche Platten zeigen, neben den Anwachslinien, auch feine radiäre Riefen. Die winzigen Kalkhäkchen des Pedunkels sind entweder äusserlich fühlbar — in den vorderen Reihen — oder stecken tiefer im Chitin — in den hinteren später gebildeten Reihen.

Mundtheile. Oberlippe gewölbt, die freien Seitenränder nach hinten stehende gerundete Zipfel bildend auf denen die *Palpen* ruhen. Diese sind zungenförmig, in der Spitze und in der inneren Kante mit mehrreihigen kurzgefiederten Börstchen versehen, von denen die distalen am längsten sind. Die *Mandibeln* haben 5 Zähne, deren der nächstäusserste am kleinsten, bei dem einen Mandibel mit einem Nebenzahn versehen ist; die hervorstehende Innerecke ist mit einer oder zweien Gruppen feiner Zähne ausgestattet. Den *Maxillen* fehlt ein Ausschnitt des Kaurandes, welcher bis auf einen hervorstehenden Höcker der Innerecke gerade ist. Ausser den dicht stehenden feineren Zähnen des Höckers stecken im Kaurande ungefähr 15 grössere Stacheln. Die hinteren Maxillen sind trapezoidisch, der bogenförmige Aussen- und der konkave Innenrand ist mit zahlreichen kurzgefiederten Börstchen besetzt.

Cirren. Diejenigen des 1. Paares stehen in einem der Breite zweier Protopoditen entsprechenden Abstand vom 2. Paare ab und machen nur $\frac{2}{3}$ dessen Länge aus; die Äste sind gleich lang, 14-gliederig, rings um mit Börstchen versehen. Die übrigen Paare nehmen nach hinten etwas in Länge zu; sie tragen im Allgemeinen ventralwärts 5—6 Querreihen von je 2 längeren und 2—3 kurzen Börstchen; nur beim 2. Paare sind sämmtliche Börstchen der ventralwärts ausgeschweiften Segmente mehr zusammengedrängt. Dorsalwärts finden sich in den Suturen selbst 5—6, bei den hinteren Paaren kurze, bei den vorderen, besonders aber dem zweiten, lange und auch zahlreichere Börstchen.

Die *Schwanzanhänge* sind kurz konisch, ventralwärts unter der Spitze mit wenigen Börstchen; sie reichen bei weitem nicht zum distalen Segmente des 6. Cirren-Protopoditen hinauf.

Die proximalen $\frac{3}{4}$ des *Penis* sind konisch, das distale $\frac{1}{4}$ schmal, cylindrisch; er ist mit zahlreichen mehr oder weniger vollständigen Suturen sowie mit kurzen oder längeren Börstchen versehen.

---

[1] l. c. p. 126.

b) **Das Zwergmännchen, im Vergleich mit der hermaphroditischen Form.** Dem *Körper* fehlen eigentliche Segmente, nur kommen im Zwischenraum zwischen dem 1. und 2. Cirrenpaare 2—3 unvollständige Chitinfalten vor.

Mundtheile. Die *Palpen* sind mehr gleichbreit und nur im Ende mit grösseren Börstchen, in der vorderen Seite mit kurzen stachelähnlichen versehen. Die *Mandibeln* haben nur 4 Zähne, von denen der nächstäusserste am kleinsten ist. Die vorderen *Maxillen* weichen nur durch einen im Verhältniss zum Höcker kürzeren geraden Kaurandtheil ab; auch sind die Stacheln weniger an Zahl.

Das 1. *Cirrenpaar* ist vom 2. noch mehr als bei der oben beschriebenen Form entfernt und macht ungefähr ³/₄ der Länge dieser aus; die Äste bestehen je aus 5 Segmenten, sind aber durch ihre gleiche Länge und die wenigstens distal ringsum steckenden kurzgefiederten Börstchen denjenigen der vorigen ähnlich; ein Endbörstchen hat jedoch die Länge des ganzen Astes erreicht. Bei den Cirren des 2. Paares ist der eine Ast nur 1 Segment länger als der andere, beide 7-gliederig. Das 6. Paar ist 9-gliederig — bei Scalpellum scorpio hermaphrod. dagegen 15-gliederig. Alle sind ventral mit 3—4 Paar Börstchen — von denen das proximale am kleinsten —, dorsal in den Suturen mit 3 Börstchen ausgestattet; die hermaphroditische Form hat bezw. 5—6 Paare ventralwärts und 5—6 Börstchen dorsalwärts. Beim 2. Paare sind auch hier die proximalen Segmente des kürzeren Astes kürzer und deren Börstchen mehr zusammengedrängt.

Die *Schwanzanhänge* reichen nur bis zur Mitte des proximalen Protopoditsegmentes des 6. Cirrus hinauf, sind übrigens wie bei der hermaphroditischen Form gebaut.

Der *Penis* ist fast halb so lang wie das 6. Cirrenpaar, sehr grob, nach dem Ende kaum schmäler; seine Dicke am distalen Ende ist bedeutend grösser als diejenige der Cirren in derselben Höhe — was bei der hermaphroditischen Form gar nicht der Fall ist.

Verwandtschaft. Bezüglich der *Zahl* und *Anordnung* der Capitulumplatten steht *Scalpellum scorpio* offenbar dem *Scalpellum Peronii* J. E. GRAY näher als zu den übrigen bekannten Arten. Ausserdem ist die *Form* der Terga, Scuta, Rostrum und Rostrolateralia ähnlich, wiewohl das Wachsthum der Scuta verschieden ist. Besonders abweichend sind Carina, Carinolateralia und Lateralia durch eine andere Lage der Umbones und die davon bedingte Form. Vom Pedunkel des Sc. Peronii werden keine Kalkhäkchen erwähnt. Übrigens weicht die Bewaffnung der Mandibeln und der Schwanzanhänge am meisten ab. Das Zwergmännchen ist durch die Form und Lage der Platten unter den bekannten denjenigen des Scalpellum villosum ähnlicher als des Scalpellum Peronii; bei den Scuta, Terga und Carina findet sich die nagelähnliche Primordialplatte vor.

Scalpellum calcaratum C. W. AURIV.

(Taf. IV, Fig. 5—6.)

Diagn. Capitulum valvulis 14. Carina angulatum; parte posteriore ¹/₃ partis anterioris aequante. Carinolateralium tertia pars extra carinam exstans. Rostri pars antica latior, in cute occulta, postica quadrata, superficialis. Umbo scutorum in angulo postico, lateralium pone centrum angulo postico-ventrali approximatus, inframedianorum margini antico proximus.

Pedunculus seriebus aculeorum rigidorum obliquis distantibus.

Capitulum mit 14 Schalen. Carina winkelig; der hintere Theil macht ¹⁄₃ des vorderen aus. Carinolaterale mit ¹⁄₃ seiner Länge rückwärts frei herausragend. Der vordere breitere Theil des Rostrum im Chitin eingegraben, der hintere quadratische an die Oberfläche tretend. Umbo des Scutum am hinteren Ende, derjenige des Laterale ventralwärts und nach hinten von Centrum, derjenige des Inframedianum nahe am vorderen Rande belegen.

Pedunkel mit kurzen Kalkstacheln in schiefen von einander entfernten Reihen bewaffnet.

Farbe der in Spiritus aufbewahrten Exemplare gelblich braun zwischen den, wenigstens in den peripherischen Theilen mit feinhaariger Haut überzogenen, daher grauweissen Platten.

Masse. Länge des Körpers   8 Mm.

    »   Capitulum 5

    Breite   »   3,5 »

Fundort und Vorkommen. Im Stillen Ocean,[1] dem Zweige eines Madreporiden aufsitzend. 4 Ex. RM.

Syn. *Scalpellum calcaratum* C. W. AURIVILLIUS.[2]

Descr. Durch das im Verhältniss zum Pedunkel kurze, gegen diesen quer abgegrenzte Capitulum, sowie durch das nach hinten spornähnlich herausstehende Carinolaterale, das bauchwärts sehr kurze Rostrolaterale und die Bewaffnung des Pedunkels ist diese Art von den meisten leicht kenntlich.

Von der Ventralseite gesehen ist das Capitulum über den Rostrolateralia am dicksten.

Mundtheile. Der *Oberlippenzipfel* ist nach vorne umgebogen. Die *Palpen* sind konisch und deren Endstacheln länger als die seitlichen. Die *Mandibeln* haben 3 Zähne; der Winkel zwischen dem 2. und dem Aussenzahn ist tiefer und weiter als zwischen dem 2. und 3.; die Innerecke trägt entweder 1 breiten oder 2 schmale Zähne. Die *vorderen Maxillen* sind über der Mitte am breitesten; der Kaurand ist schmäler, nach innen abschüssig, gegen den Innenrand einen stumpfen Winkel bildend. Ein zwar kleiner aber deutlicher Einschnitt trennt die hervorragende äussere, mit 3 Stacheln bewaffnete Partie von der inneren niedrigen, gebogenen, mit 7—8 Stacheln versehenen. Die *hinteren Maxillen* sind verhältnissmässig schmal, nach innen kaum konkav; die äusseren Stacheln sind ein wenig länger als die inneren.

Cirren. Das 1. Paar steht in einem Abstand von zweier Protopoditen Breite vom 2. ab, ungefähr ⁴⁄₅ dessen Länge entsprechend. Der Hinterast ist um 1 Segment länger als der vordere, beide sind dicker als die folgenden. Das 2.—6. Paar trägt ventralwärts den Segmenten entlang 3 Börstchenpaare, dorsalwärts 1—2 kurze Börstchen.

---

[1] Für die Zuverlässigkeit dieser Angabe kann ich jedoch nicht einstehen; es ist der Einsammler nicht bekannt.

[2] l. c.

Die *Schwanzanhänge* sind konisch, reichen kaum bis zum distalen Segmente des 6. Protopoditen hinauf und das Endbörstchen ist kürzer als der Anhang selbst. *Penis* fehlt dem untersuchten Exemplare.

Verwandtschaft. Es kann diese Art in Bezug auf die Platten der »unteren« Reihe Rostrum, Rostrolateralia, Inframediana und Carinolateralia — am besten dem *Scalpellum vulgare* zur Seite gestellt werden. Auch Carina gleicht derselben dieser Art; dagegen weichen Scuta, Lateralia. Pedunkel und Cirren ab.

Scalpellum gibberum C. W. AURIV.

(Taf. IV, Fig. 3—4.)

Diagn. Capitulum valvulis 14. Carina angulata, parte posteriore $^3/_5$ longitudinis totius carinae aequante. Carinolateralium $^1/_4$ extra carinam exstans. Rostrum antice et postice quam in medio latius, in cute occultum; pars media rectangulata superficialis. Umbones scutorum, lateralium et inframediamorum ut in Sc. calcarato siti.

Pedunculus granis calcareis ornatus.

Capitulum mit 14 Schalen. Carina winkelig; ihr hinterer Theil macht $^3/_5$ der ganzen Länge der Carina aus. Carinolaterale mit $^1/_4$ seiner Länge rückwärts frei herausragend. Rostrum vorne und hinten breiter, im Chitin verborgen; die rektanguläre Mitte erhaben. Umbones des Scutum, Laterale und Inframedianum wie bei Sc. calcaratum belegen. Pedunkel mit erhabenen Kalkkörnchen.

Farbe der Spiritus Exemplare bräunlich-gelb; die Platten und Körnchen grauweiss.

Masse. Länge des Körpers 8 Mm.

Capitulum 6

Breite   »   4 »

Fundort und Vorkommen. Atlantischer Ocean, südlich von La Plata in 100 Met. Tiefe auf Sandboden. an Hydroidröhrchen befestigt. 3 Ex. (Die schwedische Eugenie-Expedition 1851.) RM.

Syn. 1892. Scalpellum gibberum C. W. AURIVILLIUS. [1]

Descr. Die *Mundtheile* sind denjenigen des Scalpellum calcaratum sehr ähnlich gebaut, besonders ist dabei die karakteristische Form der vorderen Maxillen hervorzuheben; die Innerecke beider *Mandibeln* geht in 2 Zähne aus.

Auch die *Cirren* stimmen mit Sc. calcaratum überein und zwar darin, dass jedes Segment der hinteren Paare ventralwärts nur 3 Börstchenpaare trägt. Der Hinterast des 2. Paares ist um 2 Segmente länger als der vordere. [2]

---

[1] l. c.

[2] Es könnte dies wegen der Beschädigung dieser Cirren bei *Sc. calcaratum* nicht sicher ermittelt werden.

Die *Schwanzanhänge* reichen ein wenig über das proximale Protopoditsegment hinauf; in deren Spitze stecken 2 Börstchen, kürzer als der Anhang, und in den Seiten stecken sehr winzige Börstchengruppen oder -reihen.

Verwandtschaft. Was über Scalpellum calcaratum in Beziehung zu Sc. vulgare gesagt ist gilt auch für diese Art, mit Ausnahme jedoch der Carina. Auffallend ist, in Betreff der Körperanhänge, die Übereinstimmung mit Sc. calcaratum, von welchem indessen Lateralia, Carina, Rostrolateralia und Pedunkel abweichen.

Scalpellum septentrionale C. W. Auriv.

(Taf. IV, Fig. 7 8.)

Diagn. Capitulum valvulis 14. Carina angulata, parte postica [1] partis anticae aequante. Rostrum cuneatum, basi pedunculum versus, rostrolateralia plane sejungens. Carinolateralia apice non prominente. Umbones scutorum in apice postico, lateralium pone medium et margini ventrali propius, inframedianorum in medio marginis ventralis positi.

Pedunculus squamis semiellipticis in seriebus longitudinalibus 8—9 et verticillis 8—9 alternatim dispositis, sat longe distantibus.

Capitulum mit 14 Schalen. Carina winkelig; der postumbonale Theil [1] 4 des praeumbonalen betragend. Rostrum kielförmig, die Basis dem Pedunkel zugekehrt, den ganzen Zwischenraum zwischen den ebenso langen als breiten Rostrolateralia ausfüllend. Carinolateralia ragen nicht frei heraus. Umbo des Scutum im hinteren Ende, derjenige des Laterale ventralwärts und nach hinten vom Centrum, des Inframedianum in der Mitte des Ventralrandes belegen.

Pedunkel mit halbelliptischen von einander abstehenden, in 8—9 senkrechten Reihen und 8—9 Kreisen abwechselnd geordneten Kalkschüppchen.

Farbe der Spiritusexemplare: die Weichtheile weisslich grau, übrigens kalkweiss.

Masse. Länge des Thieres   11 Mm.

  Capitulum 8   [1]

  Breite   5 „

Fundort und Vorkommen. Nordsee, Skagerak in 590—890 Met. Tiefe entweder auf Hydroiden oder Muscheln, in braunem oder graubläulichem feinen Thonboden, befestigt. Zahlreiche Exemplare. (Die meisten während der schwedischen Gunhild-Expedition im Monat Juni 1879 gesammelt). RM.

Syn. 1892. Scalpellum septentrionale C. W. Aurivillius. [2]

Descr. Die Platten des Capitulum sowohl als die Pedunkelschüppchen sind alle nackt. In Seitenansicht ist das Capitulum in der Höhe des Endes des Scutum am breitesten; von der Ventralseite aus ist es an der Basis der Scuta am dicksten.

---

[1] Zu bemerken ist jedoch, dass die Länge des Capitulum im Verhältniss zum Pedunkel Schwankungen unterworfen ist, so dass bei einem 10 Mm. langen Exemplar anderen Fundortes das Capitulum nur 6.5 Mm. misst.

[2] l. c.

Mundtheile. Oberlippe lang, nach *carne* umgebogen; der distale Theil einen gerundet-zungenförmigen Zipfel mit winzigen Stachelreihen darstellend. Die *Palpen* sind konisch, mit einem Endbüschel von Börstchen, kürzer als die Palpen selbst. Die *Mandibeln* haben 3 oder 2 Zähne und feine kammzahnähnliche Stacheln in der verbreiteten Innerecke; mit Ausnahme der in Büscheln geordneten Seitenbörstchen sind sie den Mandibeln des Scalpellum gemma sehr ähnlich. Die *vorderen Maxillen* sind schmal, nach aussen gleichbreit mit geradem Kaurande, der mit 8 längeren und mehreren kurzen Stacheln versehen ist. Die *hinteren Maxillen* haben einen kaum ausgeschnittenen distalen Rand; jederseits der seichten Einbuchtung stecken lange kurzgefiederte Stacheln.

Cirren. Das 1. Paar macht nur die Hälfte des 6. aus und sein Vorderast ist bedeutend dicker — besonders distal — und kürzer als der hintere, auch ist sein Börstchenkleid dicker. Die übrigen Paare tragen ventralwärts in jedem Segmente 4—5 Paare längere Börstchen und in der Mitte jedes Paares 1 kurzes.

Die *Schwanzanhänge* sind sehr kurz, konisch, reichen nicht bis zum distalen Segmente des 6. Protopoditen hinauf; im Ende stecken wenige Börstchen, kaum so lang wie die Anhänge selbst.

Penis fehlt den untersuchten Exemplaren, deren Capitulum dagegen im vorderen Theile von Eiern strotzt.

Postembryonale Entwicklung. Bei einigen Exemplaren aus 600—675 Met. Tiefe fanden sich innerhalb des Capitulum vor dem Körper und zu dessen Seiten zahlreiche Jungen, alle offenbar im ersten postembryonalen Stadium begriffen. Sie stellen ganz dieselbe äussere Form und dieselben Anhänge wie das unten ausführlich erwähnte erste Entwicklungsstadium des Scalpellum erosum — wozu hingewiesen wird — dar; nur sei bemerkt, dass im Ende des 2. Anhangspaares nur 2 Börstchen sich finden. Es sind diese Jungen ebenso wenig als jene zum freien Herumschwimmen fähig, und wenn es zulässig ist von einem anderen Tiefsee-Scalpellum — Scalpellum obesum — Schlüsse zu ziehen, bringt nicht nur dieses sondern auch das folgende Cyprisstadium bis zur Anhaftungszeit sein Leben innerhalb des mütterlichen Capitulum zu.

Verwandtschaft. Es gehört diese Art durch die Form der Carina und des Rostro-laterale, nach der von HOEK gemachten Gruppirung, der Scalpellum Strömi-carinatum-recurvirostrum-Gruppe an und kommt Sc. Strömi am nächsten; weicht jedoch in Bezug auf Carinolaterale, Laterale und Pedunkel ab. Der Pedunkel erinnert an denjenigen des Sc. angustum G. O. SARS.

Scalpellum erosum C. W. AURIV.

(Taf. IV, Fig. 11 12; Taf. IX, Fig. 5).

Diagn. Capitulum valvulis 14. Carina angulata; parte posteriore ¹⁄₂ partis anterioris aequante. Carinolateralia retro non exstantia. Rostrum cuneiforme, antice latius, postice in malleolum dilatatum. Rostrolateralia margine rostrali latitudinem aequante. Umbones scutorum et inframedianorum ut in Sc. septentrionali, lateralium apici postico quam in hac specie propior. Pedunculus seriebus 8 longitudinalibus squamarum aequalium, squamis alternis in parte dorsali pedunculi sese attingentibus, in parte ventrali paullo distantibus.

Capitulum mit 14 Schalen. Carina winkelig; der hintere Theil beträgt ¹⁄₁₁ des vorderen. Carinolaterale ragt nicht frei heraus. Rostrum keilförmig, die Basis nach vorne; nach hinten knöpfchenartig erweitert. Rostrolateralia am Rostralrande ebenso lang wie breit. Umbones des Scutum und Inframedianum wie bei Sc. septentrionale, derjenige des Laterale dem hinteren Ende näher als bei jener Art belegen.

Pedunkel mit 8 Längenreihen gleichgrosser Schüppchen; diejenigen jeder zweiten Reihe auf der Rückenseite einander berührend, auf der Bauchseite mehr abstehend, dadurch Längenfurchen bildend.

Farbe der Spiritus-Exemplare bräunlich. Die grauweissen Platten sind von einer dünnen Chitinhaut überzogen.

Masse. Länge des Körpers 11 Mm.
    »   » Capitulum 8 »
    Breite »   » 4,5

Fundort. N.W. Atlanten, 53° 34' N. Lat., 52° 1' W. Long., in 1,711 Met. Tiefe auf hellgrauem Thonboden mit Steinen. 3 Exemplare. (Die schwedische Ingegerd-Gladan Expedition 1871). RM.

Syn. 1892. Scalpellum erosum C. W. Aurivillius. ¹

Descr. Die Schalen, besonders Scuta und Terga, sind angefressen. In Ventralansicht ist das Capitulum quer über der Mitte der Rostrolateralia am breitesten.

Mundtheile. Die *Oberlippe* ist mit der distalen Hälfte nach vorne umgebogen, die *Palpen* konisch, um die Spitze mit 6—7 Börstchen, in der hinteren Seite mit 4 Stacheln versehen. Die *Mandibeln* haben 3 Zähne und eine breite hervorstehende feingekämmte Innerecke; übrigens mit sehr feinen Haarbüscheln versehen. Die *vorderen Maxillen* sind gleichmässig gebogen mit parallelen Rändern, der Kaurand hat einen kaum merkbaren Einschnitt, nach aussen von welchem 2 längere, 2 kürzere Stacheln und nach innen etwa 8 Stacheln stecken. Die *hinteren Maxillen* haben eine nur schwach eingebuchtete Innerkante; die äusseren Börstchen sind länger als die inneren.

Cirren. Das 1. Paar ist auf einem hervorragenden Höcker befestigt, weshalb sie theils dem 2. anzuliegen, theils um ⁵⁄₆ desselben zu messen scheinen: die Segmente sind dicker und gerundet, besonders diejenigen des um 2 Segmente kürzeren Vorderastes, alle mit zahlreichen gehäuften Börstchen. Das 2.—6. Paar trägt ventral, jedem Segmente entlang, 4—5 Börstchenpaare, deren das proximale sehr klein ist; rückwärts in den Suturen 3—4 kleine Börstchen.

---

¹ l. c.

Die *Schwanzanhänge* sind gerundet, konisch, ein wenig kürzer als das proximale 6. Protopoditsegment, im Ende wenige Börstchen von der Länge des Anhanges, übrigens Reihen sehr winziger Stacheln tragend.

Penis fehlt.

Postembryonale Entwicklung.

Innerhalb des Capitulum wurden bei dem grössten Exemplare zahlreiche Jungen angetroffen und zwar in der gewöhnlichen Lage der Eier, vor dem Körper und zu dessen Seiten. *Es weichen diese von dem allgemein bekannten Lepas-Nauplius ganz ab.*

Der *Körper* ist linsenförmig, von den Seiten ein wenig zusammengedrückt, hat also mit dem Cyprisstadium einige Ähnlichkeit, obgleich auch die untere Kontur, in Seitenansicht, gerundet ist. Die obere Kontur ist nach vorne mehr gewölbt als nach hinten, wo der Körper in einen gerundeten Höcker endigt.

Am meisten bemerkenswerth sind die *Körperanhänge.* Es finden sich deren 1:o) dem Auge am nächsten ein Paar winzige Dörnchen- oder Börstchen-tragende Höcker. 2:o) Der ventralen Mittellinie näher ein Paar einfacher, stark entwickelter 2-segmentirter Anhänge, deren distales Segment nur halb so dick wie das proximale und um viel kürzer ist, im Ende ein stumpfes und 4 spitze kurze Dörnchen tragend. Ausserdem kommen in beiden Segmenten Spuren von Einschnürungen vor. Die Anhänge sind ziemlich steif nach unten-hinten gestreckt. 3:o) Unmittelbar hinter den genannten scheint ein Paar schmälere Anhänge, ebenso lang wie jene, auszugehen; sie sind jedoch in der That etwas innerhalb jener befestigt. In der Mitte und nahe am Ende findet sich je eine Sutur; ausserdem Andeutungen von Suturen mit winzigen Börstchen. Im Ende stecken 2 oder 3 lange dünnwändige Börstchen, deren wenigstens eins in einen Börstchentrichter endigt. Dem Bau nach zu schliessen kommt diesen Anhängen eine Art Sinnesfunktion zu. 4:o) Hinter dem letztgenannten Paare ragen jederseits zwei konische nicht differenzirte Anhänge hervor, die hinteren unmittelbar vor oder in der Aussackung. 5:o) Innerhalb einer Aussackung der Körperhaut hinter der Mitte der Ventralseite sind 7 Paar Anhänge zu bemerken und zwar 6 vordere gleich lange Paare, deren Endbörstchen je in eine dornähnliche Hervorragung der Haut auf der unteren Oberfläche des Sackes ausgehen, und 1 kurzes Paar, dessen Endbörstchen ebenfalls in ein Dörnchen der Haut endigen, welches jedoch weiter vom 6. Dörnchen als dieses vom 5. absteht.

Was nun die morphologische Natur dieser Anhänge betrifft, kann nur die Vergleichung mit den Anhängen des gewöhnlichen Cirripeden-Nauplius, z. B. demjenigen des Scalpellum vulgare, einen wenn auch muthmasslichen Aufschluss darüber geben.

In seiner Monograph on the Cirripedia, Balanidae, Pl. 29, giebt DARWIN eine Abbildung dieses soeben aus dem Eie entschlüpften Nauplius wieder. Über die Genauigkeit dieser Figur habe ich mehrmals Gelegenheit gehabt an lebenden Exemplaren Sicherheit zu gewinnen. Es kommen diesem Nauplius, der in Seitenansicht eine nach oben bogen-

---

[1] Zu bemerken ist dass das 1   proximale   Segment nicht unbedeutend länger nach vorne seinen Ursprung nimmt.

förmige, vorne und hinten jäh abschüssige, nach unten fast gerade Kontur hat, 4 Paar Anhänge zu; die vordersten sind klein, jederseits des Auges der Mittellinie sehr nahe befestigt, die übrigen gehen in der Mitte zwischen dem Aussenrande und der Mittellinie aus.
Ausserdem findet sich aber auch ein Paar dem Vorderrande sehr genäherte sogenannte
Stirnhörner.

Was nun zuerst die Stirnhörner betrifft, welche, obschon verschieden ausgebildet,
bei allen bisher bekannten Cirripeden-Nauplii bekannt sind, so sind sie wahrscheinlicherweise durch die winzigen Börstchenhöcker vertreten. Bei solcher Deutung würden die zu
den Seiten des Auges steckenden fadenähnlichen Anhänge   die frontalen Sinnesorgane
— hier fehlen.

Das erste, einfache Fusspaar des gewöhnlichen Nauplius findet sich ohne Zweifel in
den stark entwickelten 2-segmentirten Anhängen wieder, welche gerade durch die Ender-
weiterung des proximalen Segments als die künftigen Haftantennen der Cyprislarve sich
bewähren. Dem zweiten, zweiästigen Fusspaar des Nauplius durfte wiederum das hintere
entwickelte Anhangspaar, obschon einfach, entsprechen. Das dritte, zweiästige Fusspaar
des Nauplius aber, das in der ferneren Entwicklung des Cirripeden zu Mandibel wird, ist
hier durch das vordere rudimentäre Anhangspaar vertreten. Ein Homologon zum hinteren
rudimentären Paare des fraglichen Scalpellum-Jungen findet sich in einem zuerst beim
*Meta*nauplius auftretenden Anhangspaar, die künftigen Maxillen.

Was endlich eine besondere Aufmerksamkeit verdient ist die Anlage beim Scalpellum
erosum-Jungen der 6 Cirrenpaare und der Schwanzanhänge, von denen gar keine Spur
bei den gewöhnlichen Cirripeden-Nauplii sich findet. Wohl kennt man aber dass, zur
Zeit der Umwandlung in das Cyprisstadium, d. h. beim Metanauplius, die Theile angelegt
werden, welche bei der Häutung hervortreten, und zwar dass gerade an der Unterseite nach
hinten von den drei Beinpaaren der Körper aufgetrieben wird, wo die 6 Cirrenpaare und
die Schwanzanhänge sich hervorbilden.

Unter Berücksichtigung dieser Umstände sowie der Thatsache, dass bei Scalpellum
erosum der beschriebene Junge unmittelbar aus dem Eie sich entwickelt, kann ich nicht
umhin hierin *eine Verkürzung der postembryonalen Entwicklung* zu sehen, eine Ansicht die
ausserdem durch das *Vorkommen*, freilich bei anderen aber unter denselben Verhältnissen
lebenden Arten, *auch des Cyprisstadium innerhalb des Capitulum* gestützt wird. Es wäre
nämlich dieser Umstand, bei einem frei umherschwimmenden Larvenstadium, sehr schwer
erklärlich. Und wenn nach dem Grunde dieser Verhältnisse gesucht wird ist er, meines
Erachtens, von biologischer Natur. Es leben nämlich die Arten, bei denen ich bisher diese
besondere Entwicklung wahrgenommen habe, sämmtlich in grösseren Tiefen, während dass
Scalpellum vulgare wenigstens bei der schwedischen Westküste schon in 30 Meter Tiefe
getroffen wird. Und was die Lepas-Arten betrifft, gehören sie ohne Ausnahme der Wasser-
oberfläche an. In diesem Falle, wo immer ein herumtreibender oder -fahrender Gegenstand
die Unterlage bildet, muss also ein frei herumschwimmendes oder -treibendes Stadium der
Entwicklung für die Fortdauer der Art sehr förderlich sein. Bezüglich des Scalpellum
vulgare durften wohl die herumschwimmenden Larven auch in die Fälle, wo sie in die
obersten Wasserschichten emporkommen, jedoch einen für die Anheftung der Puppe geeigneten Boden, ohne allzu sehr decimirt zu werden, erreichen; wenigstens ist die gewöhn-

liche Unterlage dieser Art — Sertularia abietina — in dergleichen Tiefen sehr allgemein. In Betreff der in Tiefen, welche bis zu 1,700 Meter herab gehen, lebenden Arten, wie Scalpellum erosum, stellt sich die Sache ganz anders. Es lässt sich nämlich kaum annehmen, dass die Larven, wenn schwimmfähig, von den Wasserströmungen unberührt in der Nähe der Geburtsplätze bleiben, sondern dagegen in Wasserschichten kommen würden, welche schon durch ihre Temperatur vernichtend wirkten, oder auch, falls sie das Larvenleben glücklich durchgemacht, sehr leicht auf solchen Boden gerathen würden, der für ihre Bedürfnisse sich geradeaus nicht anpasste. Auch diese scheinen nämlich fast ausschliesslich auf Hydroiden hingewiesen zu sein. Die Vortheile einer Metamorfose welche, bis zur Zeit des Festhaftens, innerhalb des Mutterthieres sich vollbringt sind also einleuchtend. *Es ist aber, bei solcher Weise der Sicherung der Art, das schwimmende Larvenstadium, weil überflüssig, aus der Entwicklungsreihe weggelassen;* und zwar entspricht der aus dem Eie entschlüpfende Junge durch seine äussere Form sowie durch die sieben Anhänge des Hinterkörpers am meisten dem Metanauplius, innerhalb dessen der Cyprislarve angelegt wird. Mit dem gewöhnlichen Nauplius hat er freilich, der Zahl nach, 4 Paare vorderer Körperanhänge gemeinsam; während dass aber die drei hinteren beim Nauplius das Schwimmen besorgen, sind hier zwei von diesen rudimentär und dem dritten fehlen ganz und gar Schwimmbörstchen, an deren Stelle winzige Dörnchen getreten, die höchstens eine beschränkte Bewegung innerhalb des mütterlichen Capitulum unterhelfen können.

Von dem ausgebildeten Cyprisstadium abgesehen, das wahrscheinlich durch die wenigstens einseitig gefiederten Cirrenbörstchen einer, wenn auch beschränkten Schwimmfunktion fähig ist, haben also *diese Tiefsee-Cirripeden durch Anpassung an die äusseren Lebensverhältnisse das Schwimmvermögen eingebüsst.*

Verwandtschaft. Durch die Bedeckung des Capitulum — mit Ausnahme des Rostrum und Inframedianum — erinnert diese Art vielleicht am meisten an *Sc. angustum* G. O. SARS; die Form des Rostrum und Inframedianum ist dieselbe wie bei *Sc. obesum* mihi. Der Pedunkel stimmt am besten mit demjenigen des *Sc. Strömi* M. SARS.

Scalpellum obesum C. W. AURIV.

(Taf. IV. Fig. 9—10; Taf. IX, Fig. 6—8.)

Diagn. Capitulum valvulis 14, rigidis. Carina angulata, parte posteriore [1] 6 partis anterioris aequante. Carinolateralia extra carinam paullo exstantia. Rostrum cuneiforme, antice latius, postice velut in malleolum dilatatum. Rostrolateralia margine rostrali latitudinem aequante. Umbones scutorum, lateralium et inframedianorum ut in Sc. septentrionali.

Pedunculus seriebus longitudinalibus squamarum inaequalium utrinque acute desinentium inter se interjectis.

Capitulum mit 14 harten Schalen. Carina winkelig; der Hintertheil macht ¹⁄₆
des vorderen aus. Carinolaterale ein wenig ausserhalb der Carina hinausragend. Rostrum kielförmig, die Basis nach vorne; das Hinterende knöpfchenartig erweitert. Rostrolateralia ebenso lang am Rostralrande wie breit. Umbones der Scuta, Lateralia und Inframediana wie bei Sc. septentrionale belegen.

Pedunkel mit dicht stehenden Längen- und Querreihen der Grösse nach ungleicher Schüppchen, deren spitze Enden zwischen den benachbarten tief eingreifen.
Farbe des Mantels zwischen den kalkweissen Platten und Schüppchen bräunlich-grau bei den Spiritus-Exemplaren.
Masse. Länge des Thieres   11 Mm.

>   » Capitulum 8,5 »

Breite   4,5

Fundort. Nordsee, Storeggen in 110 Met. Tiefe, auf Hydroiden befestigt. 3 Exemplare. RM.

Syn. 1892. Scalpellum obesum C. W. AURIVILLIUS. [1]

Descr. Von der Seite gesehen hätte das Capitulum einen fast ovalen Umriss, bildete nicht der postumbonale Theil der Carina einen stumpfen Winkel gegen den Hinterrand des Tergum. Von der Ventralseite aus ist das Capitulum am dicksten über der Mitte der Rostrolateralia.

Mundtheile. Die *Oberlippe* ist nach oben und vorne gebogen. Die *Palpen* sind konisch, um die Spitze mit längeren, nach unten mit stachelähnlichen Börstchen versehen. Die *Mandibeln* tragen nur 3 Zähne; der Aussenzahn durch einen tiefen Winkel vom mittleren getrennt; die Innerecke breit, quer abgestutzt, durch feine Stacheln wie gekämmt; die Seiten und Kanten des Mandibels sind feinhaarig. Die *vorderen Maxillen* haben einen geraden Kaurand ohne jedweden Einschnitt oder Erhebung, nach aussen mit drei gröberen, in der Mitte und nach innen mit 7—8 feineren Stacheln versehen; die Seitenflächen tragen Börstchen. Der Innerkante der *hinteren Maxillen* fehlt ein Ausschnitt und die Börstchen sind nicht in Gruppen getrennt.

Cirren. Das 1. Paar ist durch eine Lücke von dreier Protopoditen Breite vom 2. entfernt; der hintere Ast ragt mit 2 Segmenten über den vorderen hinauf; dieser ist 2-3-mal dicker als jener, die mittleren Segmente am dicksten und alle mit zahlreichen gedrängten Börstchen ausgestattet. Die übrigen Paare tragen der Ventralseite entlang 5 6 Paare sehr langer Börstchen, rückwärts in den Suturen 3—4 kurze Börstchen.

Die *Schwanzanhänge,* ungegliedert, reichen bis zur Basis des distalen Protopoditsegmentes hinauf; im Ende stecken einige Börstchen deren das grösste kaum länger als ¹⁄₂ des Anhanges ist. Den zwei untersuchten Exemplaren fehlt ein *Penis.*

Postembryonale Entwicklung. Innerhalb des Capitulum eines Exemplares fänden sich zahlreiche Jungen im Cyprisstadium in der Lage welche anders die Eier einnehmen. Die Cypris-schale (Taf. IX, Fig. 6) ist rückwärts stark konvex, ventralwärts fast gerade, sehr fein gestreift. Von dem, seinem Haupttheile nach fast konischen Körper gehen nach unten

---

[1] l. c.

und hinten 7 *Paar Anhänge* aus, je aus einem 2-segmentirten Protopodit und — mit Ausnahme des 7. — aus zweien 2-gliederigen Ästen bestehend. Das distale Segment dieser Äste trägt sehr lange nach hinten gerichtete, einerseits gefiederte, andrerseits gezähnte Börstchen; ausserdem findet sich in den Enden beider Segmente des grösseren Astes je einen Stachel. Bei dem 7. hintersten Paar, den Schwanzanhängen des ausgebildeten Cirripeden entsprechend, sitzt dem Protopoditen nur ein einziges längliches Segment auf. Die Antennen, vor der Mitte des unteren Randes zwischen den Schalen heraustretend, sind verhältnissmässig stark und lang, 4-gliederig; das konische Endglied trägt einen sehr kurzen mit Börstchen versehenen Nebenast und im Ende stecken einige kurze Börstchen. Bezüglich dieses Cyprisstadium sind besonders zwei Umstände bemerkenswerth und zwar 1:o) sein Auftreten *innerhalb des Capitulum des Mutterthieres.* Es kann dies meines Erachtens deshalb kein Zufall sein, weil die Jungen dort nicht nur in bedeutender Menge sich fanden sondern vorzüglich in dessen vorderen Theile, also um den Körper selbst — nicht um die Cirren — auftraten. Sämmtlich waren frei. Es scheint also hier ein Fall vorzuliegen, wo die postembryonale Entwicklung bis zu der Zeit, wo die Cypris sich fest setzt, innerhalb des Mutterthieres verläuft. Und zwar steht dies wahrscheinlich mit der Lebensweise dieser und verwandter Arten in Zusammenhang, welche von derjenigen der Gattung Lepas so sehr abweicht. Es beschränkt sich nämlich, meines Wissens, auf die letztgenannte Gattung allein die bisher gemachten Beobachtungen über das Leben des Cypris-Stadium der Lepadiden, die zwar darauf ausgehen, dass nach der Häutung des freischwimmenden Metanauplius theils fortwährend ein — wenn auch beschränkteres — Schwimmen, theils, später, ein langsames Herumkriechen oder -Schreiten Statt finde. Für die Jungen eines in bedeutender Tiefe lebenden Thieres könnte aber jene Bewegungsweise vielleicht verhängnissvoll genug sein, indem sie von einer für sie geeigneten Unterlage weg führte, während dass im fraglichen Falle die Cypris-Jungen wahrscheinlich erst zur Zeit des Festhaftens ihren Schutz verlassen um sich selbständig anzusiedeln. Für eine solche Annahme scheint auch das Verhalten der Fussbörstchen zu sprechen, die zwar sehr lang und zahlreich sind, aber nur schwach und einseitig gefiedert. 2:o) Ist der Bau des letzten Anhangspaares bemerkenswerth und zwar dadurch, dass trotz seiner Winzigkeit ein *zweigliedriger Protopodit* von dem langgestreckten Endsegment unterscheidbar ist. Es zeigt dieser Bau unwillkürlich auf die vorderen sechs Fusspaare hin, welche sämmtlich einen 2-gliederigen Protopodit haben, der zwar dort stärker ist und zwei Äste trägt. *Die nähere Beziehung des 7. Paares, d. i. der Schwanzanhänge, zu den übrigen, welche bei der entwickelten Form dieser Art und im Allgemeinen gar nicht erkennbar ist, tritt also hier offen zu Tage.* Das Endglied dürfte dem proximalen Segment eines Astes der übrigen Füsse entsprechen.

Verwandtschaft. Es hat diese Art die meiste Ähnlichkeit mit *Scalpellum Strömi* M. SARS, von dem sie jedoch bezüglich des Rostrum, Carinolaterale und Pedunkels besonders abweicht.

Scalpellum luridum C. W. Auriv.

(Taf. IV. Fig. 13 14.)

Diagn. Capitulum valvulis 14. Carina angulata, parte posteriore $\frac{1}{11}$ partis anterioris aequante. Carinolaterale vix extra carinam exstans. Rostrum lineare, latitudine solum $\frac{1}{6}$ latitudinis rostrolateralium aequans. Rostrolateralium margine rostrali latitudine dimidio breviore. Umbones scutorum, lateralium et inframedianorum ut in Sc. septentrionali.

Pedunculus squamis aut apice truncatis aut triangularibus, antice distantibus, postice confertis.

Capitulum mit 14 Schalen. Carina winkelig: der hintere Theil beträgt $\frac{1}{11}$ des vorderen. Carinolaterale kaum rückwärts hervorragend. Rostrum stäbchenförmig; die Breite beträgt nur $\frac{1}{6}$ der Breite des Rostrolaterale. Rostrolateralia am Rostralrande nur halb so lang wie breit. Umbones des Scutum, Laterale und Inframedianum wie bei Sc. septentrionale belegen.

Pedunkel entweder mit abgestutzten oder triangulären Schüppchen, nach vorne spärlich, nach hinten dicht steckend.

Farbe des Mantels der Spiritus-Exemplare bräunlich zwischen den Platten und Schüppchen, die, weil von einer dünnen Chitinhaut bedeckt, grauweiss sind.

Masse. Länge des Thieres   11 Mm.

»   Capitulum 6,5 »

Breite »   » 3,5 »

Fundort. Baffinsbay, 68° 8' N. Lat., 58° 47' W. Long., in 300 Met. Tiefe auf Stein- und Thonboden. 3 Ex. (Die schwedische Ingegerd-Gladan Expedition 1871). RM.

Syn. 1892. Scalpellum luridum C. W. Aurivillius. [1]

Descr. In Ventralansicht (Fig. 14) ist das *Capitulum* über dem vorderen Theile der Scuta am breitesten. Im Verhältniss zu den Scuta ist Rostrum sehr kurz, indem es nur $\frac{1}{5}$—$\frac{1}{6}$ der Länge des Scutalschliessrandes entspricht. Der Pedunkel ist nach hinten doppelt breiter als nach vorne und zwar enthalten die Querreihen dort 16—18, hier 8—9 Schüppchen.

Mundtheile. Die distale fast trianguläre Hälfte der *Oberlippe* ist nach vorne umgebogen. Die *Palpen* sind wie gewöhnlich konisch mit wenigen Börstchen am Ende, übrigens mit Gruppen oder Reihen sehr feiner Börstchen. Die *Mandibeln* haben 3 fast gleich abstehende Zähne, die Innerecke ist durch feine Zähnchen wie gekämmt; übrigens sind sie mit feinen gruppenweise steckenden Börstchen bedeckt. Die *vorderen Maxillen*: der Kaurand hat zwar eine seichte Einbuchtung, die jedoch wegen der Hervorragung der inneren Hälfte des Randes tiefer zu sein scheint; die äussere Hälfte ist mit 2 längeren und 2 kürzeren, die innere mit 6 längeren und 3—4 kürzeren Stacheln bewaffnet; übri-

———

[1] l. c.

gens wie die Mandibeln. In den hinteren Maxillen findet sich eine kaum merkbare Vertiefung des Innenrandes, zu deren Seiten die fast gleich langen Börstchen stehen. *Cirren.* Das 1. Paar steht nur wenig vom 2. ab; der Hinterast ist um 2 Segmente länger als der vordere und macht etwa ⁵⁄₆ des 2. Paares aus; die 6 Segmente des Vorderastes — besonders die mittleren — sind dicker als diejenigen des Hinterastes und die proximalen tragen zahlreichere Börstchen. Auch die Voderäste des 2. Paares sind etwas kürzer als die Hinteräste. Die Bewaffnung des 2. 6. Cirrenpaares ist: ventralwärts 4—5 Börstchenpaare jedem Segmente entlang, von denen die 4 distalen länger als das Segment selbst, das proximale, wie gewöhnlich, sehr kurz ist. In der Mitte jedes Börstchenpaares stehen 1—2 kurze, gerade hinaus gerichtete Börstchen; dorsal in den Suturen stecken 3—4 Börstchen, kürzer als das entsprechende Segment.

Die *Schwanzanhänge* sind nur wenig länger als das proximale Protopoditsegment und ihre Breite macht nur ungefähr ¹⁄₃ der Breite dieser aus; sie sind fast gleichbreit mit abgerundetem Ende, nur mit Reihen sehr winziger Börstchen versehen.

Penis fehlt. *Eier* mit gewöhnlicher Lage sind bei den untersuchten Ex. vorhanden.

Verwandtschaft. Diese Art ist in gewissen Hinsichten, z. B. durch Rostrum und Rostrolateralia, mit *Sc. angustum* G. O. Sars näher verwandt als mit den übrigen; da aber von den Weichtheilen der letztgenannten Art nichts bekannt ist, kann eine eingehende Vergleichung nicht statt finden. In Bezug auf Inframedianum und Carina nähert sich *Sc. luridum* am meisten dem *Sc. erosum.*

Scalpellum grönlandicum C. W. Auriv.

(Taf. V, Fig. 1—2.)

Diagn. Capitulum valvulis 14. Carina obscure angulata, umbone pæne terminali. Carinolaterale extra carinam non exstans. Rostrum cuneiforme, postice latius, antice truncatum. Rostrolateralium margine rostrali latitudinem dimidiam aequante. Umbones scutorum, lateralium et inframedianorum ut in *Sc. eroso.*

Pedunculus seriebus 8 longitudinalibus squamarum 8, dimidia parte inter adjacentes interjectarum.

Capitulum mit 14 Schalen. Carina nicht deutlich winkelig; umbo fast endständig. Carinolaterale rückwärts nicht herausstehend. Rostrum kielförmig, die Basis nach hinten, mit abgestutztem vorderen Ende. Rostrolateralia am Rostralrande nur halb so lang wie breit. Umbones des Scutum, Laterale und Inframedianum wie bei *Sc. erosum* belegen.

Pedunkel mit 8 Längenreihen von je 8 breiten, zur Hälfte zwischen den seitlich angrenzenden eingeschalteten Schüppchen.

Farbe der Spiritus-Exemplare gelbbräunlich zwischen den Pedunkelschüppchen und den von dünner Haut bedeckten Capitulumplatten.

Masse. Länge des Thieres   8,5 Mm.

     » » Capitulum 5,5

     Breite »   »   3

Fundort. Baffinsbay, 72° 4 N. Lat., 59° 50´ W. Long., in 400 Met. Tiefe auf hartem grauen Thonboden. 1 Ex. (Die schwedische Ingegerd-Gladan Expedition 1871). RM.

Syn. 1892. Scalpellum grönlandicum C. W. AURIVILLIUS. [1]

    Descr. Es hat das *Capitulum* dieser Art — die Enden ausgenommen — eine fast elliptische Begrenzung und ist quer über der Basis des Rostrum am dicksten. Von den Platten ist besonders das Rostrum karakteristisch.

    Mundtheile. Der Endzipfel der *Oberlippe* steht in geradem Winkel nach vorne gegen den Basaltheil und ist mit feinen Börstchengruppen besetzt. Die *Palpen* sind konisch, im Ende mit längeren, in der Hinterseite mit kurzen Börstchen. Die *Mandibeln* haben 3 Zähne; der Aussenzahn ist durch einen tiefen Einschnitt vom 2. mehr entfernt als dieser vom 3. Die Innerecke ist durch feine Zähnchen wie gekämmt. Bei den *vorderen Maxillen* ist ein Einschnitt nur angedeutet; nach aussen davon stecken 3 Stacheln, nach innen ungefähr 6, deren 3 länger — wenn auch schlanker — als die Aussenstacheln sind. Bei den *hinteren Maxillen* ist die Einbuchtung der Innerkante sehr schwach, die äusseren Börstchen sind länger als die inneren.

    Cirren. Das 1. Paar steht in einem Abstand von wenigstens zweier Protopoditen Breite vom 2. ab, ungefähr $^4/_5$ der Länge dieses Paares entsprechend. Der Hinterast ist um 2 Segmente länger als der vordere und schmäler; die Börstchen sind dicht gedrängt. Das 2.—6. Paar trägt ventralwärts jedem Segmente entlang 4—5 Börstchenpaare, von denen das proximale am kürzesten ist, dorsal 3—4 kurze Börstchen; die Äste sind gleich lang ausser beim 2. und 6. Paare, deren Hinterast je mit einem — das 2. — oder mit 2—3 Segmenten — das 6. Paar — den vorderen überragt.

    Die *Schwanzanhänge* sind kleine, dem 6. Protopoditen anliegende Zipfel, die nicht bis zu dessen distalem Segmente hinauf reichen; das Endbörstchen ist kürzer als der Anhang selbst.

    Ein *Penis* fehlt dem untersuchten Exemplare.

    Verwandtschaft. Diese Art erinnert besonders durch Carina an die Capitulum-Form des *Sc. angustum* G. O. SARS; auch der Pedunkel ist demjenigen dieser Art ähnlich. Inframedianum und Carinolaterale sind aber denjenigen des *Sc. crosum* ähnlicher. Das Rostrum ist eigenartig gebildet.

Scalpellum cornutum G. O. SARS.

    Von dieser arktischen Form liegen sowohl grössere als kleinere Exemplare vor, und zwar sei von diesen zu bemerken, dass 1:o) die Carinolateralia noch nicht »cornuta«, sondern rückwärts stumpf sind und nicht herausragen, dass 2:o) der postumbonale Theil der

---

[1] l. c.

Inframediana kürzer als der praeumbonale ist und dass 3:o) die Pedunkelschüppchen weniger dicht stehen; alles Unterschiede welche offenbar mit dem Alter ausgeglichen werden.
Masse. 2 Ex. aus dem Karischen Meere 8 Mm. lang. 2 Ex. aus Matotschkin Scharr 10 Mm. lang.

Fundorte und Vorkommen.
a) Karisches Meer, 75° 34 N. Lat., 79° 45' O. Long. in 46 Met. Tiefe.
b) Matotschkin Scharr, in dem Beluscha-Busen in 50—90 Met. Tiefe. In beiden Fällen auf mit Sand gemischtem Thonboden. Einige Ex. (Die schwedischen Novaja-Semlja-Expeditionen 1875 und 1876). RM.

Descr. Von den bisher nicht beschriebenen *Körperanhängen* ist folgendes zu erwähnen. *Mundtheile:* der Zipfel der *Oberlippe* steht nach vorne und ist mit feinen Börstchen besetzt. Die konischen *Palpen* tragen in der Spitze wenige theils längere theils kürzere Börstchen und in der Hinterseite sehr winzige Börstchenreihen oder -büschel. Die *Mandibeln* haben 3 Zähne, unter denen der Aussenzahn der bei weitem grösste ist — und in der Innerecke 2 gleich grosse oder 4—5 ungleich grosse schwächere Zähne. Die *vorderen Maxillen* sind schmal; der Ausschnitt des Kaurandes ist deutlich; nach aussen davon stehen 2 lange, nach innen einige kürzere Stacheln. Die *hinteren Maxillen* haben eine kaum eingebuchtete Innerkante; die äusseren Börstchen sind grösser als die inneren. *Cirren.* Das 1. Paar steht zwar vom 2. ab und ist kürzer als dieses, aber nur wenig dicker; der Hinterast ist um 2 Segmente länger. Die übrigen Cirren tragen ventralwärts den Segmenten entlang 5 Paar Börstchen, rückwärts in den Suturen je 2 kurze Börstchen. Die *Schwanzanhänge* reichen bis zur Basis des distalen 6. Protopoditsegmentes; in deren Ende selbst steckt ein Paar kurze Börstchen.

Postembryonale Entwicklung. Wie bei Sc. obesum fanden sich *innerhalb* des Capitulum eines grossen Exemplares zahlreiche Jungen im Cyprisstadium, welche vor und um den Körper frei lagen. Bei einer Länge von 0.75 Mm. sind diese denjenigen des Scalpellum obesum ähnlich, nur sind sie nach vorne ein wenig höher als nach hinten. Die 6 Füsschenpaare und die Schwanzanhänge sind ähnlich gebaut.
Aus dem Vorkommen des Cyprisstadium ist sehr wahrscheinlich, dass der soeben ausgeschlüpfte Nauplius wie bei Sc. erosum gebildet ist. Die untersuchten Eier waren noch zu wenig entwickelt um dieses mit Sicherheit entscheiden zu können.

Scalpellum prunulum C. W. Auriv.
(Taf. V, Fig. 3—4.)

Diagn. Capitulum valvulis 14. Carina arcuata. Rostrum minimum, longitudine solum ¹/₃ marginis rostralis rostrolateralium aequans. Umbones scutorum et lateralium ut in Sc. eroso, inframedianorum antice siti.

Pedunculus seriebus 8 longitudinalibus squamarum 5—6 inter se sat distantibus, quarum partes laterales extremae solum inter adjacentes interjectae sunt.

Capitulum mit 14 Schalen. Carina einfach gebogen. Rostrum rudimentär, nimmt nur das hintere ¹⁄₃ das Rostralrandes der Rostrolateralia auf. Umbones des Scutum und Laterale wie bei *Sc. crosum*, derjenige des Inframedianum im schmalen Vorderende belegen.

Pedunkel mit 8 Längenreihen von je 5—6 von einander ziemlich entfernten Schüppchen versehen, deren äusserste Enden zwischen den nächststehenden sich einschalten.

Farbe des Spiritus-Exemplares bräunlich gelb zwischen den weissen Platten und Schüppchen.

Masse. Länge des Thieres   6 Mm.

Capitulum 4   ?

Breite   2,5

Fundort. Das Antillenmeer, bei St. Martin, in 350—600 Met. Tiefe.

Syn. 1892. Scalpellum prunulum C. W. Aurivillius. ¹

Descr. Wegen der einfach gebogenen, fast zum Hinterende des Tergum reichenden Carina hat das *Capitulum* einen eiförmigen Umkreis, mit Ausnahme des queren oder konkaven Vorderendes.

Mundtheile. Der nach vorne umgebogene Zipfel der *Oberlippe* ist kurz, von der Seite aus gerundet. Die *Palpen* sind gestreckt konisch mit einigen Börstchen um das Ende und in der Hinterseite kurze Stacheln. Die *Mandibeln* haben 3 Zähne, deren der äussere sehr gross ist: der eingehende Winkel gegen den 2. ist doppelt tiefer als derselbe zwischen dem 2. und 3. Zahn; die Innerecke ist durch 5—6 kleine geplattete Zähne, die in der Mitte am breitesten sind, gekämmt. Der Kaurand der *vorderen Maxillen* hat einen zwar seichten aber breiten Einschnitt; nach aussen davon stecken 2 lange und 1 kurzer Stachel, nach innen 3 längere und 2—3 kürzere Stacheln. Die *hinteren Maxillen* haben einen fast geraden inneren Rand; die längsten Börstchen stecken in der äusseren Ecke.

Cirren. Das 1. Paar ist vom 2. entfernt; der Hinterast um 2 Segmente länger als der 6-gliederige vordere, dessen mittlere Segmente übrigens dicker sind als bei dem Hinteraste. Im 2.—6. Cirrenpaare stecken ventralwärts den Segmenten entlang je 4 Börstchenpaare, in Grösse von hinten nach vorne abnehmend; das hinterste ist um ¹⁄₃ länger als das zweite, welches dem angehörigen Segmente in Länge gleichkommt, das vorderste ist sehr klein; rückwärts stecken in den Suturen 2 kurze Börstchen.

Die *Schwanzanhänge* messen in Länge nur ¹⁄₃ des proximalen 6. Protopoditsegmentes und tragen im Ende 2 Börstchen von der Länge des Anhanges selbst.

Postembryonale Entwicklung. Innerhalb des Capitulum vor dem Körper und zu dessen Seiten fanden sich einige Jungen im Cyprisstadium, denjenigen des Scalpellum cornutum an Form sehr ähnlich d. h. nach vorne höher und mehr gerundet als nach hinten. Die Antennen sind kürzer und dicker als bei Scalpellum obesum, bei den Schwanzanhängen ist das distale Protopoditsegment bedeutend dicker und doppelt länger als das proximale; das Endglied ist nach dem Ende zu schmäler.

Das Vorkommen des Cyprisstadium dieser Art innerhalb des Capitulum steht wie bei den vorigen, wo dasselbe Verhältniss erwähnt worden, ohne Zweifel mit ihrer Tiefsee-

¹ l. c.

natur in Zusammenhang. Vom erstem Stadium ist zwar bei dem Exemplare nichts zu sehen, aber es bringt auch dieses wahrscheinlich sein Leben eben daselbst zu.

Verwandtschaft. Es erinnert diese Art, ausser durch Scuta und Terga, durch Carina, Laterale und vielleicht auch Carinolaterale an *Scalpellum cornutum* G. O. SARS, durch Inframedianum dagegen an *Sc. distinctum* HOEK, *Sc. striolatum* G. O. SARS und *Sc. japonicum* HOEK.

Scalpellum aduncum C. W. AURIV.

(Taf. V, Fig. 5—7.)

Diagn. Capitulum valvulis 14. Carina angulata, parte posteriore [1] u partis anterioris aequante. Carinolaterale vix extra carinam exstans. Rostrum antice et postice truncatum, postice latius, latitudine mediana [1] 3 latitudinis rostrolateralium aequante. Rostrolateralium margine rostrali latitudinem aequante. Pars postrema tergorum in hamulum decurvata. Umbones scutorum, lateralium et inframedianorum paene ut in Sc. eroso.

Pedunculus squamulis paucis latis, inaequalibus, distantibus.

Capitulum mit 14 Schalen. Carina winkelig, der hintere Theil [1] u des vorderen betragend. Carinolaterale kaum rückwärts hervorragend. Rostrum stäbchenförmig, in beiden Enden abgestutzt, nach hinten breiter als nach vorne; die mittlere Breite macht [1] 3 der Breite des Rostrolaterale aus. Rostrolateralia am Rostralende ebenso lang wie breit. Die Spitze des Tergum ventralwärts hakenförmig gebogen. Umbones des Scutum, Laterale und Inframedianum fast wie bei Sc. erosum belegen.

Pedunkel mit wenigen, breiten, unregelmässigen und von einander entfernten Schüppchen besetzt.

Farbe der Spiritus-Exemplare gelblich braun zwischen den kalkweissen Platten.

Masse. Länge des Thieres   2 Mm.

> Capitulum 1,5

Breite   1

Vorkommen. Auf den Extremitäten eines Pantopoden, *Phoxichilidium fluminense* KRÖYER aus unbekanntem Fundort, angetroffen. 2 Ex. RM.

Syn. 1892. Scalpellum aduncum C. W. AURIVILLIUS. [1]

Descr. *Mundtheile.* Der *Oberlippen*zipfel steht nach unten und vorne heraus. Die *Palpen* konisch mit 3 Endstacheln und 2 ebenso langen Seitenstacheln. Die *Mandibeln* haben 3 Zähne, von denen die inneren mehr hervorstehen, die Innerecke läuft in einen spitzigen Zahn fast ebenso gross als die anderen aus; der Kaurand ist schmal. Die *vorderen Maxillen* haben in der Mitte des schmalen Kaurandes einen sehr kleinen Einschnitt; nach aussen davon stehen 3 starke Stacheln; nach innen 5—6 schmälere, deren eins aber länger als die äusseren ist.

[1] l. c.

Cirren. Das 1. Paar ist kürzer als das 2.; die Äste sind fast gleich lang, der vordere ein wenig dicker als der hintere. Der Hinterast des 2. Paares ist um 1—2 Segmente länger als der vordere, die Äste der übrigen Paare sind gleich lang, ventral mit 2—3 Börstchenpaaren, dorsal in den Suturen je mit 1—2 Börstchen ausgestattet.

Die *Schwanzanhänge* sind gerundet-konisch und reichen nur bis zur Mitte des 1. Protopoditsegmentes hinauf.

Es kommt mir aus mehreren der angeführten Merkmale wahrscheinlich vor, dass die Exemplare noch nicht vollwachsen sind.

Scalpellum stratum C. W. Auriv.

(Taf. III. Fig. 10—11: Taf. VIII, Fig. 8.)

Diagn. Capitulum valvulis 15, rigidis. Carina aequaliter curvata, valvula primordiali in apice postico. Subcarina minima, triangularis, aequilateralis. Rostrum longitudine marginem occludentem scutorum aequans, convexum, postice acuminatum, in medio latius quam antice, fere angulatum. Rostrolaterale triangulare, longitudine $^1/_3$ rostri aequans. Laterale et inframedianum quadrangularia, margine scutali illius tertiam solum partem longitudinis scutorum aequante. Umbones valvarum omnium in angulo postico positi.

Pedunculus seriebus 14 obliquis squamarum 14—15 rhomboidalium velut stratus.

Capitulum mit 15 kalkharten Schalen. Carina einfach gebogen, ihre Primordialplatte im hinteren Ende belegen. Subcarina klein, gleichseitig triangulär. Rostrum ebenso lang wie der Schliessrand der Scuta, konvex, nach hinten spitz, hinter der Mitte am breitesten, fast winkelig. Rostrolaterale triangulär, in Länge $^1/_3$ des Rostrum messend. Laterale et Inframedianum viereckig, der Scutalrand jener Platte nur $^1/_3$ der Länge des Scutum messend. Der Umbo sämmtlicher Platten in der hinteren Ecke belegen.

Der Pedunkel ist gleichwie gepflastert durch 14 schiefe Reihen von je 14—15 rhomboidalen Schüppchen.

Farbe der Spiritus-Exemplare: hell bräunlich, am Capitulum nur zwischen den Plattenrändern, am Pedunkel deutlicher zwischen den Schüppchenreihen sichtbar.

Masse. Länge des Körpers 9 Mm.

    » Capitulum 5,5

    Breite » — quer über Rostrum — 3 Mm.

Fundort und Vorkommen. Das Antillenmeer, unweit Anguilla [1] in 360—680 Meter Tiefe. Mehrere Exemplare (A. Goës). RM.

Syn. 1892. Scalpellum stratum C. W. Aurivillius. [2]

---

[1] Es wird hiermit ein Fehler in der vorläufigen Mittheilung verbessert, wo, statt Anguilla, St. Martin als Fundort angegeben ist.

[2] l. c.

Descr. *Mundtheile. Oberlippe* nach oben und vorne gebogen, zungenförmig. Die *Palpen* sind konisch, im Ende und gegen dasselbe zu längere Börstchen, nach unten und hinten kurze stachelähnliche Börstchen tragend. Die *Mandibeln* haben 4 Zähne, die Innerecke ausgenommen, welche mit 2 entweder kleinen parallelen oder grösseren divergirenden Zähnen ausgestattet ist; an der Basis der grossen Zähne sind winzige Nebenzähnchen merkbar; die Seitenflächen und Kanten tragen Börstchen. Der Kaurand der *vorderen Maxillen* ist in den äusseren ³⁄₅ gerade; anstatt des gewöhnlichen Ausschnittes innerhalb der 3 Stacheln der Aussenecke findet sich eine winzige *Erhebung*; in der Mitte stecken 5 lange Stacheln. Die inneren ²⁄₅ stehen kegelförmig hervor, so dass die kurzen Endstacheln weiter hinaus ragen als diejenigen des geraden Theils; der Kegel ist übrigens ringsum mit Stacheln oder Börstchen versehen. Die *hinteren Maxillen* sind zu den Seiten des seichten Ausschnittes in der Mitte des breiten inneren Randes mit Börstchen versehen, die jedoch kürzer als diejenigen des Aussenrandes sind.

Cirren. Das 1. Paar ist vom 2. durch eine Lücke von der Breite 2—3 Protopoditen entfernt und macht etwa ³⁄₄ der Länge des zweiten Paares aus; die Äste sind fast gleich lang, die proximalen Segmente des vorderen Astes besonders dick, alle mit gedrängten Börstchen versehen. Die übrigen Paare tragen ventralwärts den Segmenten entlang 4—5 Börstchenpaare, dorsalwärts in den Suturen 3—4 Börstchen.

Die *Schwanzanhänge* sind sehr winzig, nur einen kleinen Bruchtheil des 6. Protopoditen ausmachend, mit Endbörstchen von der Länge des Anhanges versehen.

Penis ist sehr lang, nach aussen allmählig schmäler, überall mit spärlichen Börstchen ausgestattet.

Verwandtschaft. Unter allen bisher bekannten Scalpellum-Arten sind nur bei Scalpellum rostratum 15 Platten vorhanden und zwar dieselben wie bei der fraglichen Art. Auch sind die Rostra beider übereinstimmend und die Pedunkelschüppchen haben einige Ähnlichkeit in Form, wenn auch nicht in Anordnung. Mit Ausnahme von den Terga, dem Rostrum und der Subcarina fallen aber die Umbones bei Scalpellum rostratum nicht mit dem Hinterende zusammen, vor Allem ist der Unterschied in Betreff der Carina gross. In der letzten Hinsicht kommt Sc. acutum HOEK dem Sc. rostratum näher, denn es liegen dort sämmtliche Umbones im hinteren Ende, und die Carina ist also einfach gebogen; die Plattenzahl des Sc. acutum ist indessen 13, indem, bei Mangel eines Inframedianum, das Laterale gross ist, ²⁄₃ der Länge des Scutum messend; die Pedunkelschüppchen sind anders geformt und geordnet.

Was die Weichtheile betrifft, wird für Sc. rostratum dieselbe eigenthümliche Form der vorderen Maxillen wie bei Sc. stratum angegeben. [1]

Es könnte nun die Frage gemacht werden, welcher der genannten Arten die fragliche am nächsten zu stellen sei. Von den inneren Theilen abgesehen — die aus Mangel an Angaben ausser Betracht kommen müssen — bekommt diese Frage den Sinn: ist innerhalb der fraglichen Gattung bei Beurtheilung der Verwandtschaft ein höherer Werth auf die Wachsthumsart als auf die Zahl und Anordnung der Platten zu setzen? Meinestheils kann ich nicht umhin die Antwort in *diese* Richtung zu geben und zwar bei Erwägung

[1] Über den Bau dieser Mundtheile bei Sc. acutum findet sich keine Angabe.

des Umstandes, dass die Platten, z. B. des Scalpellum vulgare, anfangs ausschliesslich in proximale Richtung wachsen um später auch distalseits des Umbo sich zu erweitern. Wenn also wie bei Sc. rostratum die Umbones einiger Platten, z. B. der Scuta, nur wenig vom distalen Ende entfernt liegen, durfte diesem Verhältnisse eine nicht allzu hohe Bedeutung gegeben werden, während dass andrerseits die Zahl der Platten schon bei ganz kleinen Exemplaren dieselbe ist wie bei den erwachsenen und zwar dazu mit derselben gegenseitigen Lage, ein Verhältniss, das auch bei sehr winzigen Exemplaren der fraglichen Art erkenntlich ist.

Scalpellum galea C. W. Auriv.

(Taf. III. Fig. 9 und Taf. VIII. Fig. 23.)

Diagn. Capitulum valvulis 12. Carina arcuata. Carinolateralia extra carinam exstantia. Rostrum deest. Rostrolateralia humillima, sinistrum latius, præter os ad latus dextrum porrectum, parte extrema fissa. Inframedianum dextrum deest, sinistrum basi antica, in hamulum deorsum curvatum exiens. Umbones scutorum, lateralium et inframedianorum in angulo postico siti.

Pedunculus seriebus 10—12 longitudinalibus squamarum antice distantium postice confertarum.

Capitulum mit 12 Schalen. Carina einfach gebogen. Carinolaterale rückwärts frei hinausragend. Rostrum fehlt. Rostrolateralia sehr niedrig, das linke breiter geht der Mündung vorbei, und nimmt in ihrem gespaltenen Ende das ventralwärts spitz auslaufende rechte auf, welches schmäler als Scutum ist. Rechtes Inframedianum fehlt; linkes hakenförmig, nach unten gebogen, die Spitze nach hinten. Umbones des Scutum, Laterale und Inframedianum an der hinteren Spitze belegen.

Pedunkel mit 10—12 Längenreihen vorne von einander entfernter, hinten dicht stehender Schüppchen.

Farbe des Spiritus-Exemplares gelbbraun zwischen den weissen Platten und Schüppchen.

Masse. Länge des Thieres   10 Mm.

Capitulum 7
Breite   »   4,5

Fundort. Atlantischer Ocean, S. von La Plata in 95 Met. Tiefe. 1 Ex. (Die schwedische Eugenie-Expedition). RM.

Syn. 1892. Scalpellum galea C. W. Aurivillius. [1]

Descr. Der lange Lateralrand des Scutum und dem entsprechend die Länge des Scutalrandes des Laterale sind besonders bemerkenswerth; als eine Folge davon — unter Beibehalten der Begrenzung des Pedunkels gegen das Capitulum — kann theils die geringe Höhe der Rostrolateralia rückwärts zu, theils die sehr geringe Entwicklung des bleibenden Inframedianum und auf der anderen Seite das völlige Schwinden desselben bemerkt werden.

[1] l. c.

Mundtheile. Der Endzipfel der *Oberlippe* ist nach vorne umgebogen. Die *Palpen* sind in der proximalen Hälfte breit, sodann schnell schmäler; die Hinterseite der distalen Hälfte ist konkav mit kürzeren Börstchen als das Ende besetzt. Die *Mandibeln* haben 3 Zähne, der Aussenzahn doppelt länger als die übrigen; die Innerecke stellt einen breiten geplatteten Zipfel, dessen abgerundetes Ende mit 6—7 feinen Zähnen wie gekämmt ist, dar. Den *vorderen Maxillen* fehlt ein Einschnitt; nahe bei der Innerecke steht ein kleiner Höcker hervor; es trägt der Kaurand im ganzen 16—17 Stacheln. Die Innerkante der *hinteren Maxillen* ist konkav; nach innen von der Einbuchtung stehen nur 4 kurze Börstchen; nach aussen davon sind längere und kürzere Börstchen gehäuft.

Cirren. Des 1. Paar steht vom 2. ab und ist kürzer als dieses; der Hinterast ragt mit den 2 Endsegmenten über den aussergewöhnlich breiten Vorderast empor, der seine Platte gegen die Mundtheile wendet; es gehen das 2.—6. Segment in grosse Seitenzipfel aus und sind dicht mit langen Börstchen besetzt. Das 2.— 6. Cirrenpaar trägt ventralwärts 4 Börstchenpaare, nach aussen in Länge zunehmend.

Die *Schwanzanhänge* sind schmal, 7-gliederig, von der Länge des 6. Protopoditen, die Endbörstchen nicht eingerechnet, welche so lang wie die letzten 4 Anhangssegmente sind. In den Suturen stecken auch Börstchen.

Verwandtschaft. Diese Art ist dem *Scalpellum pedunculatum* HOEK am meisten ähnlich, und zwar durch die Form und Lage der Carina, des Scutum, des Laterale und — wie es scheint — des Rostrolaterale. Carinolaterale steht weniger hervor und ist gleich wie Inframedianum anders geformt; auch weicht sie durch Mangel eines Rostrum und durch die Bewaffnung des Pedunkels ab.

B. ABDOMINALIA.

Lithoglyptidæ nov. fam.

Corpus pallio forma sacculi indutum, postice paribus 4 cirrorum birameorum instructum. Appendices caudæ 3 -4 articulatæ. Pedunculus vix exstans, forma lenticulari. In corallis aut in testis domicilium excavantes.

Körper in einem beutelförmigen Mantel eingehüllt, im Ende mit 4 Paaren zweiästiger Cirren versehen. Schwanzanhänge 3—4-gliederig. Pedunkel kaum vom Körper herausragend, linsenförmig mit ovaler oder elliptischer Haftfläche. Leben in der Oberfläche von Korallen oder Molluskenschalen eingebohrt.

Lithoglyptes n. gen.

Cirri terminales setis numerosis instructi, antici minores: stipitibus 2-articulatis longitudine segmentum ultimum abdominis æquantibus. Cirri ovales biramei, stipite 2-articulato, ramo utroque 5 -6-articulato.

Alle vier Endcirrenpaare mit zahlreichen Börstchen besetzt, nehmen an Länge nach vorne ab. Die 2-gliederigen mit schräger Sutur versehenen Stiele sind ebenso lang wie das letzte Körpersegment. Die Mundcirren tragen je zwei 5—6-gliederige Äste auf einem langen 2-gliederigen Stiel.

Lithoglyptes indicus C. W. Auriv.

(Taf. V, Fig. 9—13 und 16—18; Taf. VI, Fig. 2—4; Taf. VII, Fig. 1 6.)

Diagn. *Femina.* Os pallii latitudinem summam sacculi æquans, rectum: cervix sacculi compressa. Appendices caudæ 3-articulatæ, solum [1] a stipitum cirrorum proximorum æquantes.

Mas pusillus, pallio feminæ affixus, oblongo-ovalis, organis solum generationis et sensus instructus. Tractus intestinalis deest.

Weibchen. Mantel beutelförmig, nach dem Boden der Bohrhöhle zu abgerundet, nach aussen zusammengedrückt; Mündung von der grössten Breite des Sackes, schlitzenförmig. Mündungsrand gerade, von der geraden rückständigen Befestigungsfläche durch einen winkligen Einschnitt getrennt. Körper 11—12-gliederig. Schwanzanhänge 3-gliederig, das Basalsegment mehr als doppelt dicker als das äusserste Segment, im Ganzen nur ⅓ des nächsten Cirrenstieles messend.

Männchen, am Mantel des Weibchens befestigt, fast spulförmig, mit einem brei konischen Höcker. Nur Generationsorgane — Testis, Vesicula seminalis[1] und ein weit vorstülpbarer Penis — sammt Nervensystem vorhanden. Nahrungskanal fehlt.

Farbe des Weibchens weisslich, der Mündungsrand und angrenzende Manteltheile indigoblau.

Masse. a) des Weibchens: Länge des Thieres zu   6 Mm.
                       Grösste Breite desselben 4 »
               b) des Männchens: Länge 0,5 Mm.

Fundort und Vorkommen. Javasee und Indischer Ocean an der Westküste Sumatras. Bohrt in Korallen und Molluskenschalen. Zahlreiche Exemplare. (Der Verfasser.) RM.

Syn. 1892. Lithoglyptes indicus C. W. Aurivillius.[2]

Lithoglyptes bicornis C. W. Auriv.
(Taf. V, Fig. 15.)

Diagn. *Femina.* Os pallii ⅓ latitudinis summae sacculi aequans, parum curvatum. Appendices caudae 3-articulatae, longitudinem stipitum cirrorum proximorum fere aequantes.

Weibchen. Mantel beutelförmig, nach aussen schmäler, die Mündung nur ⅓ der grössten Breite betragend. Mündungsrand schwach gebogen mit 2 Paaren börstchentragender konischer Chitinhörner versehen. Befestigung wie bei L. indicus. Schwanzanhänge 3-gliederig, schlank, fast ebenso lang wie die nächsten Cirrenstiele.

Farbe. Unterhalb der Mündung findet sich ein dunkelvioletter Streifen, übrigens weisslich.

Masse. Länge des Thieres   2,5 Mm.
               Grösste Breite desselben 1,5 »

Fundort und Vorkommen. Javasee. Bohrt in Korallen. Wenige Exemplare. (Der Verfasser.) RM.

Syn. 1892. Lithoglyptes bicornis C. W. Aurivillius.[3]

---

[1] Es ist diese in der vorläufigen Mittheilung aus Uebersehen Receptaculum seminis genannt worden.
[2] l. c. p. 133.
[3] l. c. p. 134.

Lithoglyptes ampulla C. W. Auriv.

(Taf. V, Fig. 14.)

Diagn. *Femina.* Os pallii ¹⁄₄ latitudinis summae sacculi aequans, parum curvatum. Appendices caudae 4-articulatae, solum ¹⁄₂ longitudinis stipitum cirrorum proximorum aequantes.

Weibchen. Mantel kolbenförmig, nach aussen von der ovalen Befestigungsfläche halsförmig sich verengernd. Mündungsrand schwach gebogen, nur ¹⁄₄ der grössten Weite des Sackes betragend, einerseits mit 2 Angelhäkchen, andrerseits mit 2 fühlerähnlichen gegliederten Hörnern versehen. Schwanzanhänge 4-gliederig — die Sutur zwischen dem 2. und 3. Segmente undeutlich —, schwach entwickelt, im Ganzen nur halb so lang wie die Stiele des nächsten Cirrenpaares.

Farbe weisslich.

Masse. Länge des Thieres   4,5 Mm.

Grösste Breite desselben 2,5 :

Fundort und Vorkommen. Javasee. Bohrt in Korallen. 1 Ex. (Der Verfasser.) RM.

Syn. 1892. Lithoglyptes ampulla C. W. Aurivillius.¹

Vergleichung zwischen den Gattungen Lithoglyptes und Alcippe in morphologischer und biologischer Hinsicht.

A. Weibchen.

Wie bei den Lepadiden und Balaniden ist der Gegensatz zwischen dem eigentlichen *Körper* und einem diesen umhüllenden *Mantel* ausgeprägt.

a) **Mantel.** Mit diesem Namen wird bekanntlich eine Herausstülpung bezeichnet, welche bei den Lepadiden sowohl als bei den Balaniden, von der Rückenseite des Vorderkörpers ausgehend, seitwärts und ventralwärts sich derartig verbreitet, dass sie dort eine Falte rings um den Körper bildet, nur in der Mittenlinie der Bauchseite eine Spalte für das Durchtreten der Cirren offen lassend. Auf der Rückenseite gehen die beiden Blätter der Ausstülpung mehr oder weniger auseinander; indem das innere Blatt dem eingezogenen Körper sich immer eng anschliesst, bildet das äussere bei den *Lepadiden* eine cylindrische oder stumpf-konische Aussackung, den sogenannten *Stiel* — daher der Name *Pedunculata* —, bei den *Balaniden* liegen die beiden Blätter einander ziemlich nahe an, aber es hat hier im Allgemeinen anstatt einer Verlängerung eine Erweiterung des Zwischenraums statt gefunden. In jedem Falle hat diese besondere Aussackung einen doppelten Zweck und zwar 1:o) nach *aussen* hin, indem sie *zur Befestigung des Thieres* dient, sei

¹ l. c. p. 134.

es dass nur ein beschränkter Endtheil derselben — wie bei den meisten Lepadiden — oder der grösste Theil — wie bei den Balaniden — oder sie ganz und gar — wie bei Anelasma — dabei in Anspruch genommen wird. 2:o) nach *innen* zu hat sie eine besondere Aufgabe, insofern nicht nur die Cementorgane sondern zugleich die weiblichen Generationsorgane immer dort stecken.

Wenn nun die beiden fraglichen Gattungen, *Lithoglyptes* und *Alcippe*, bezüglich des Mantels untersucht werden, dürfte wohl eine nur äussere Inspektion unentschieden lassen, ob sie der einen oder der anderen Gruppe angehören, ja sogar ob sie unter die höheren Cirripeden überhaupt in dieser Hinsicht eingereiht werden können. Bei *Lithoglyptes* ist der sackförmige Mantel überall — also auch im Boden der Bohrhöhle — gleichförmig, mit Ausnahme einer ovalen, bisweilen von einem Chitinwulste umgesaumten dorsal belegenen Fläche; durch den Mangel an Längs- und Quermuskeln zeichnet sich diese von den übrigen Theilen des Mantels aus. Bei *Alcippe* besitzt der übrigens weiche Mantel ebenfalls auf der Rückenseite, von der Nähe der Mündungsspalte an beginnend, eine meistens rundliche oder unregelmässig geformte Scheibe, welche jedoch nicht weich ist wie bei Lithoglyptes, sondern aus festem gelblichen Chitin besteht. Zwischen den beiden Gattungen besteht auch der Unterschied, dass die Scheibe jener in einer Ebene liegt, welche auf der Horizontalebene durch den Mündungsrand vertikal steht, die Scheibe dieser dagegen mit derselben Ebene parallel ist und in der That dem Dache der Bohrhöhle sich anschmiegt.

Reicht aber die oberflächliche Musterung losgelöster Thiere nicht hin um deren Natur klar zu stellen, so giebt doch schon die Untersuchung derselben in situ, d. h. nach ihrem Verhältniss zu den Bohrhöhlen, darüber einen wichtigen Aufschluss. Da beide Gattungen gerade durch ihr Bohrvermögen ein Mittel haben sich ganz und gar im festen Kalkgesteine oder in der Schneckenschale zu verbergen und gegen jedweden äusseren Einfluss zu sichern, sollte man von vornherein glauben, dass sie, wenn einmal völlig eingegraben, in ihren Höhlen ganz frei lägen. Es ist dem aber nicht so. Wenn man nämlich einen Lithoglyptes vorsichtig herausnimmt, wird ein wenn auch schwacher Widerstand von der genannten ovalen Scheibe aus bemerkt und zwar zeigt sich die Wand unter der Scheibe verkalkt, die äusserste Kalkschicht die Form der Scheibe genau entsprechend. Bei Entkalkung dieser Schichten tritt ein Netz von Cementkanalen, besonders im Umrisse derselben, hervor, ganz wie ich dergleichen in den Kalkstückchen, welche die Bohrgänge des *Lithotrya* auskleiden, gefunden habe. Bei der letztgenannten Gattung sondert aber eine kurz oberhalb des Stielendes befindliche Scheibe die Plättchen ab, und es kann also die Lithoglyptes-Scheibe *physiologisch* mit jener gleichgestellt werden: *es dienen beide zur Befestigung der Thiere* innerhalb der Bohrhöhlen. *Alcippe* schliesst sich in Betreff der Funktion der Scheibe dem *Lithoglyptes* nahe an, indem ich auch bei ihr Cementkanälchen zwischen der Scheibe und dem hier unmittelbar anliegenden Höhlendach getroffen habe. Aber es giebt ausserdem die anatomische Untersuchung des Lithoglyptes sowie der Alcippe an die Hand, dass die genannte Scheibe sammt den sich daran schliessenden inneren Organen auch *morphologisch* mit dem Lepadidenstiel gleichbedeutend ist. Durch die Mitte des Thieres der Länge nach geführte Schnitte (vergl. Taf. VI, Fig. 3) legen nämlich dar, dass die bei den Lepadiden und Balaniden bekannte Hautausstülpung auch hier dorsalwärts vom Vorderkörper ausgeht und zwar die beiden Blätter sich übrigens dicht anliegen, bei der Haftscheibe aber einen Zwischenraum zwischen sich lassen, welcher ganz wie bei jenen theils von den weiblichen Generationsorganen theils von den Cementorganen ausgefüllt wird.

Wenn also das Verhältniss des Mantels der fraglichen Gattungen unzweifelhaft auf eine Verwandtschaft mit den höheren Cirripeden hindeutet, so kann immer noch fraglich sein, an welche der beiden Gruppen — die Lepadiden oder die Balaniden — sie sich am nächsten anschliessen. In dem Falle wo wie hier der Mantel ganz unverkalkt ist, muss gerade die Art der Befestigung dabei entscheidend sein. Nun geschieht aber diese bei den *Balaniden* derart, dass, vom ursprünglichen Haftpunkte der Cyprisantennen aus, die Basis, sie mag übrigens verkalkt sein oder nicht, sich nach allen Seiten hin gleichförmig entwickelt, somit der Periodicität des Wachsthums zufolge concentrisch ausgebildet erscheint, und zwar bleibt jede neue Schicht durch peripherische Erweiterung des Cementkanalsystems dem Boden haften. Bei den *Lepadiden* wiederum stellt gewöhnlicherweise nur eine beschränkte Fläche am Ende des Pedunkels die Verbindung mit der Unterlage dar, die im Allgemeinen von den Antennen aus ziemlich gleichmässig nach allen Seiten erweitert wird, aber bisweilen — wie bei Scalpellum vulgare — je nach dem Dickenwachsthum des Stieles bei jeder Häutung *einseitig* — und zwar rostralwärts — verlängert, zugleich auch ein wenig verbreitert werden kann.

Es scheint nun vielleicht der Umstand, dass bei Lithoglyptes und Alcippe eine Stielbildung gar nicht vorkommt, vielmehr eine im Verhältniss zum Mantel im Ganzen ziemlich beträchtliche Fläche zur Anheftung dient, für ihre Einreihung unter den Balaniden zu sprechen. Dagegen zeugt aber die Thatsache, dass die Haftscheibe auf die nämliche Weise wie bei Scalpellum sich vergrössert, und zwar nicht gleichförmig, sondern in eine von der Mündung aus distale Richtung hin.

Dem Einwurf wiederum, welcher gemacht werden könnte, dass die *Kalk*absonderung von der Haftscheibe bei Lithoglyptes an die Balaniden erinnert, wird das Beispiel der bohrenden Lepadidengattung *Lithotrya* entgegen gesetzt, welche, wenn übrigens ein Zweifel bezüglich der Stellung der fraglichen Gattungen sich findet, gerade durch ihre Lebensweise besser als andere Lepadiden geeignet ist dieselbe aufzuklären. Es stimmt nämlich 1:o) *die Lage der Haftscheibe* mit derselben bei Lithoglyptes (und Alcippe) überein in so fern sie *nicht am Ende selbst des Pedunkels*, sondern hinter diesem seitwärts belegen ist, ein Umstand, der wesentlich von der Bohrfunktion des Mantels abhängt. Es wird 2:o) von dieser Haftscheibe bei *Lithotrya* und *Lithoglyptes Kalk*, bei *Alcippe festes Chitin gegen die Wand der Bohrhöhle abgesetzt*, in allen Fällen den sicheren Stützpunkt darbietend, welcher gerade die bohrende Thätigkeit der Thiere bedingt. Endlich ist 3:o) die Art der Veränderungen dieser Anheftungsflächen im Grunde bei allen die nämliche: es geschieht deren Vergrösserung in einer der Mündung entgegengesetzten Richtung, mit dem Unterschied, dass bei Alcippe die Erweiterung von der ursprünglichen Befestigungsfläche der beginnenden Scheibe aus stattfindet, bei den beiden anderen mit einem, durch die Häutungen veranlassten Herabrücken derselben in die Höhle verbunden ist. *Die auf diese Weise in den Gängen der grossen Lithotrya entstandene einseitige Reihe dachziegelartig sich* *überlagernder Kalkschüppchen sind also mit den winzigen Kalkschichten des kleinen Litho-glyptes völlig homologe Bildungen.*

Nach dieser Auseinandersetzung der Natur der Haftscheibe bei *Lithoglyptes* und *Alcippe* steht es noch übrig ihre *funktionelle Bedeutung* näher zu besprechen.

Wie schon angedeutet, wird durch die Scheibe eine Verbindung zwischen Mantel und Bohrhöhle bewirkt, die indessen, weil verschiedenartig ausgebildet, für jede Gattung besondere Erwähnung verdient. Ich mache also mit dem Befunde bei Alcippe Anfang.

Alcippe bohrt auf der Innerseite der Schalen gewisser Schnecken, wie Buccinum, Fusus, Littorina, welche von Einsiedlerkrebsen bewohnt sind.[1] Es kommen die Höhlungen entweder in Columella — oft dicht gehäuft — oder in der letzten Windung vor. Ausser durch die länglich-ovale, in dem engeren Theile etwas gekrümmte Mündung, die zum Heraustreten der Cirren dient, kündigt sich die Alcippe-Höhle bei gewisser Grösse durch von dem schmalen Mündungstheil strahlförmig ausgehende Zeichnungen an, welche in dem sehr dünnen Höhlendache unmittelbar über die Haftscheibe sich finden. Bei näherer Untersuchung besteht jeder Strahl aus wenigen sehr feinen nach aussen sich öffnenden durch weisslich gefärbte Streifen oder Punkte im Innern der Schale mehr oder minder vollständig verbundenen Löchern.

Es sind diese schon von HANCOCK,[2] dem Auctor der Gattung Alcippe, erwähnt und abgebildet. Fünf Jahre später macht DARWIN[3] über dieselben folgende Bemerkung: »I may here observe, that certain radiating and often punctured lines, mentioned and figured by Mr. HANCOCK, which help to render the thin plate of shell over the peduncle conspicuous, are formed by the burrows of an excessively minute annelid, the punctures being apparently the exit orifices: I imagine that these annelids find it difficult to commence their burrows on the smooth surface of the shell, and that they congregate at these particular spots and thence burrow in radiating lines, owing to their having taken advantage of the little cliftlike edges, at the narrow and disused ends of the fissures leading into the cavities occupied by the Alcippe, where alone they would not be disturbed by the action of the cirri, when first they commenced making their little burrows in the shell.»

Freilich kann die äussere Erscheinung der fraglichen Bildungen die Deutung derselben als Bohrgänge von Würmer erklären, es sprechen jedoch schon einige von aussen bemerkbare Umstände gegen diese Auffassung, nämlich a) die Regelmässigkeit des Verlaufs der Streifen, indem sie, anfänglich sehr nahe an einander laufend, nach der Peripherie der Höhle zu sich immer von einander entfernen; b) dass sie sämmtlich genau im Umriss der Höhle aufhören; c) dass oft in einem und demselben Streifen mehrere winzige Löcher, oft sehr nahe an einander, vorkommen, während dass in anderen solche ganz und gar fehlen; d) dass sämmtliche Streifen am häufigsten nicht genau von der Höhlenmündung aus-

---

[1] Meinestheils wenigstens habe ich an der schwedischen Küste zwar die leeren Bohrhöhlen, niemals aber ihre Einwohner in solchen Schneckengehäusen gefunden, die von den Paguren verlassen worden. Es scheint der Krebs das Gedeihen und die Lebensbedürfnisse der kleinen Cirripeden in ebenso hohem Masse zu fördern als bezüglich der oft gleichzeitig mit ihm zusammenlebenden Hydractinia echinata (wovon näheres vergl. die Arbeit: Über Symbiose als Grund accessorischer Bildungen bei marinen Gastropodengehäusen. K. Svenska Vet. Akad. Handl. Bd. 24. No 9. 1891.)

[2] Ann. and Mag. of Nat. Hist. Vol. 4, 1849. Pl. 8, 9.

[3] CH. DARWIN, A monograph on the subclass Cirripedia. London 1854.

strahlen, sondern zuerst in einem Abstand davon hervortreten, ein Verhältniss, welches, mit dem Mangel einiger Streifen an Löcher zusammengestellt, die oben gegebene Erklärung und überhaupt Würmer als Werkmeister der fraglichen Bildungen ausschliesst. Bei Auflösung der ganzen Kalkscheibe in schwacher Säure habe ich übrigens niemals eine Spur von Würmern darin gefunden, was jedoch wenigstens in solchen Fällen zu erwarten wäre, wo die Streifen noch keine Öffnungen zeigten.

Da folglich überhaupt an keine äusseren Einflüsse hierbei zu denken war, könnte die Erscheinung nur von Seite des Thieres selbst erklärt werden. Und zwar gab die Untersuchung des Bodens und der Wände der Bohrhöhle sowie der Lageverhältnisse des Thieres in derselben dabei den ersten Anhaltspunkt. Bei Musterung des Bodens besonders grosser Höhlen zeigen sich nämlich kleine reihenförmig geordnete von Kalk gefüllte Grübchen, deren einige Reihen durch Rücken von einander getrennt sind.

Es setzten sich diese Grübchenreihen auch auf die Wände und das Dach fort, im letzten Falle, wie oben angedeutet, durch ebenso mit Kalk gefüllte Furchen mehr oder weniger verbunden; es ist aber dort zugleich ein und anderes Grübchen zum Durchbruch gekommen, also wie ein winziges Loch auf der freien Schalenoberfläche erscheinend. Bei Vergleichung der Lage des Thieres im Verhältniss zu diesen Skulpturen der Höhle hat es sich erwiesen, dass die Grübchenthäler von peripherisch ausstrahlenden Rücken des Mantels, die Kalkrücken dagegen von Furchen des Mantels entsprochen werden. Die Grübchen selbst, sowie die im Dache sie verbindenden Furchen sind aber die Wirkungen der Bohrwerkzeuge — der meistens mit einer sternförmigen Scheibe endigenden Chitinnädel welche gerade auf den Rücken der freien Manteltheile kräftig ausgebildet bei jeder Häutung erneuert werden. Der Umstand ferner, dass die Skulpturen des Bodens und der Wände nur in grossen schon völlig ausgebildeten Höhlen ausgeprägt sind, die Skulpturen des Daches dagegen im Allgemeinen sehr früh hervortreten, findet darin seine Erklärung, dass diese von den Rücken des die Scheibe umgebenden Mantelrandes eingegraben, aber sogleich nach einer Häutung von der vergrösserten unbewaffneten Haftscheibe bedeckt werden, welche dazu durch die Cementabsonderung sich am Dache befestigt; jene dagegen zwar mit diesem gleichzeitig gebildet werden, folglich unmittelbar vor jeder Häutung am schärfsten sein müssen, nach der Häutung aber theils durch die veränderte Lage der neuen Reibnädel, theils durch die dort freiere Bewegung des Mantels wieder verwischt werden. Sobald aber das Thier das Maximum seiner Grösse erreicht hat, also die Höhle nicht mehr erweitert wird, tritt die Skulptur auch im Boden und in den Wänden dauernd hervor.

Wenn nun nach der Bedeutung dieser Skulpturen dem Thiere gegenüber gefragt wird, kommt es mir wahrscheinlich vor, dass die Furchen und Grübchen des Daches eine festere Verbindung zwischen dem Thiere und der Höhle als sonst der Fall wäre, bewirken, indem die Rücken der Haftscheibe in jene eingreifen und durch ein dichtes Netz der Cementkanäle in ihnen haften bleiben.

Die Befestigung selbst scheint mir aber hier einen zweifachen Zweck zu haben und zwar 1:o) *den festen Stützpunkt der wichtigen Muskelbewegungen darzubieten, welche vor Allem die Erweiterung der Höhle des Thieres geradeaus bedingen.* Freilich werden auch bei Aleippe dergleichen Bewegungen des hinteren Körpers nach aussen und innen ausgeführt wie bei Lepadiden und Balaniden, es haben aber diese hier einen verhältnissmässig geringen Umfang, was schon aus der Reduktion der Cirrenbewaffnung einleuchtet, aber die bei weitem wichtigsten Bewegungen, in denen auch der Mantel Theil nimmt, sind die unten näher zu besprechenden, wodurch dieser gegen den Boden und die Wände der Höhle gedrückt wird.

Es dient aber die feste Verbindung im Höhlendache auch 2:o) dazu *die Art und Richtung des ferneren Wachsthums der Haftscheibe anzugeben*. Je nachdem das Cypris-Stadium auf dem Columella oder auf der Innerseite der letzten Schneckenwindung sich festgesetzt hat, weist die Haftscheibe der jungen Alcippe verschiedene Formen auf. Es richtet sich nämlich diese sowie das Höhlendach, dem sie sich dicht anschmiegt, ganz nach dem Grade der Wölbung oder der Aushöhlung der freien inneren Schneckenoberfläche, welche sie unterminirt, und zwar ist folglich die Scheibe, wenn in der Columella steckend, immer konvex, wenn sie aber in der Windung steckt, entweder fast plan oder konkav. In beiden Fällen ist der Umstand bemerkenswerth, dass die Dicke des Höhlendaches sich immer gleich bleibt, ist nur einmal die Anlage der Scheibe da; denn es wird diese immer in einer mit der Oberfläche parallelen Ebene angelegt und giebt gerade durch ihre Befestigung in dieser Lage die Richtung, in welcher der peripherische Mantelsaum arbeiten soll, sowohl als die Form der ausgebildeten Scheibe an. Was wiederum die Entstehung der Scheibenanlage betrifft, scheint mir im Bau oder in der Thätigkeit des Thieres an und für sich keine Erklärung der Verhältnisse gegeben, dass dieselbe immer in der genannten Ebene entsteht, und zwar weder an die Oberfläche zu sehr sich nähert, so dass diese durchbricht, oder durch eine schiefe Lage während des Heranwachsens auch die geringste Blosslegung eines Theils desselben veranlasst. Dass die winzigen Löcher, welche hie und da längs den Furchen das Dach durchsetzen, von einer Bedeutung hierbei seien, kann ich um so weniger glauben als sie — wenigstens im Allgemeinen — gerade über dem ältesten Theil der Scheibe fehlen; wie schon angedeutet, verdanken sie ihre Entstehung offenbar den Chitinnädeln des die Scheibe umgebenden Mantelsaums, welche zwar, weil in den späteren Häutungen grösser als in den früheren, bei derselben Dicke des Daches, in jenen öfter durchbrechen als in diesen; jedoch scheint diese Verbindung nach aussen fast immer durch die abgeschabten und sodann zusammengekitteten Kalktheile geschlossen. Es sollte also das Thier zuerst, wenn es Mittelgrösse erreicht hat, während der Bohrung selbst durch das Durchbrechen des Daches in einigen Punkten mit der Schneckenhöhle von dieser Seite in Verbindung stehen.

Um sodann die Verhältnisse der Befestigung bei *Lithoglyptes* näher zu besprechen, unterscheidet sich diese Gattung von *Alcippe* schon durch die Lage der Haftscheibe in der Bohrhöhle. Es steht nämlich die Ebene durch dieselbe rechtwinklig auf die Horizontalebene durch die Höhlenöffnung (Taf. V, Fig. 16, 17), d. h. es kommt hier kein Höhlendach zur Seite der Öffnung zur Ausbildung, sondern die Befestigung ist *lateral*. Die leeren Höhlen sind ferner, ausser durch die Form der Mündung, zugleich durch der Scheibe gegenüberliegende ovale Kalkschichten kenntlich. In den meisten Fällen fand ich bei Herausnehmen des Thieres aus der Höhle eine feine schimmernde Chitinhaut an der letztgebildeten Kalkschicht haften, aber nur ausnahmsweise bot sich die Gelegenheit dar eine beginnende *Verkalkung* derselben zu beobachten. Es traten nämlich bisweilen sehr winzeig in beiden Enden stumpfe Kalkstäbchen in der ganzen Haut zerstreut auf, in einem

Falle waren sie hie und da mehr oder weniger sternförmig zusammengehäuft oder hatten sich deren fünf mit den Enden zu einem Fünfeck zusammengefügt, von dessen Ecken wiederum je ein Stäbchen hinausragte oder bildeten deren zwei einen geraden Winkel gegen einander u. s. w. Bei Behandlung mit schwacher Säure lösten sich diese Bildungen sämmtlich auf, ohne auch die geringste Spur einer organischen Grundsubstanz zu hinterlassen. Es sind die Kalkschichten aneinander durch Cementkanäle verkittet und zwar haftet die Scheibe auf dieselbe Weise an der jüngsten Schicht an. Die Hauptkanäle sind koncentrisch geordnet und zwar in der von der Mündung distalen Richtung, ganz wie die Anwachslinien, am meisten von einander getrennt; es kommen an ihnen hie und da längliche Erweiterungen sowie kurze Seitenzweige vor.

Durch die laterale Lage der Haftscheibe sowohl als durch Ablagerung verkalkter Schichten an der Höhlenwand zeigt *Lithoglyptes* mit *Lithotrya* Ähnlichkeit, obgleich bei dieser Gattung die Kalkschichten, dem jedesmaligen tieferen Eingraben und der Grösse des Thieres zufolge, nicht grösstentheils *auf* einander liegen, sondern *nach* einander, also reihenförmig, folgen.

Was ferner die Aufgabe der Lithoglyptesscheibe betrifft, so scheint diese auf die in Mom. 130) bei Aleippe angezeigte, zwar sehr wichtige Funktion sich zu beschränken, nämlich *der Stützpunkt der Muskelbewegungen* zu sein, welche aber hier *nicht vorzugsweise auf das Bohren, sondern zugleich auf die Nahrungsaufnahme sich beziehen*.

Mit dem Mantel in Zusammenhang sei noch die in den Höhlen beider Gattungen vorkommende mehr oder weniger ausgedehnte *Kalkauskleidung* derselben erwähnt. Oben ist bei Aleippe das Ausfüllen der Grübchen des Daches von einer Kalkmasse bemerkt worden, es gilt aber dasselbe auch von den Furchen des Daches sowie von den Grübchen des Bodens oder der Wände, kurz von allen Unebenheiten der Höhle. Dazu kommt noch, dass alle Ecken und Winkel der Höhle, welche vom erwachsenen Thiere nicht aufgenommen oder für dessen Bewegungen nicht nöthig sind, mit der nämlichen Substanz gefüllt werden und zwar wird vor Allem der Mündungshals der Höhle beider Gattungen verengert, bei Aleippe sogar der schmälste Theil der Mündungsspalte versperrt. Je mehr nämlich das Thier seiner völligen Grösse sich nähert, um so mehr verlängert sich auch die Mantelöffnung und zwar dem festen Stützpunkt zufolge nur in die distale Richtung hin. Es entfernen sich aber in demselben Grade die Cirren des Körperendes von dem älteren engen Spaltentheile, der folglich nicht mehr zum Durchtritt jener dient und von beiden Seiten her durch die fragliche Kalkmasse immer mehr verengert wird. Bei der in Korallen bohrenden Lithoglyptes hat die Kalkabsonderung die besondere Bedeutung, zugleich die Unebenheiten der umgebenden Korallsubstanz zu glätten und die grossen Löcher oder Kanäle derselben zu überbrücken, eine in Betracht des ganz weichen Mantels des Thieres sehr wichtige Aufgabe, welche um so mehr sich geltend macht, je poröser die Koralle ist. Obwohl allgemeiner in dem kompakteren *Porites* bohrend, kommen nämlich die Thiere auch in dem lockeren *Goniastraea* vor und zwar fand ich bei Sumatra mehrere Bohrhöhlen, welche diese Koralle entweder quer oder der Länge nach durchsetzen aber in beiden Fällen von den durchschnittenen grossen Kanälen durch Kalkablagerung ganz abgeschlossen sind.

Wenn nun nach dem Ursprung dieser Kalkmasse gefragt wird, so giebt erstens ein Schleifschnitt quer durch die Höhle an, dass sie nicht wie diejenige, welche der Haftscheibe gegenüber liegt, geschichtet ist, sondern aus grösseren und kleineren unregelmässigen Kalkstückchen besteht, die mit braungelben Körnchen-ähnlichen Bildungen vermengt sind. Bei Abschaben der Kalkbelegung und deren Behandlung mit schwacher Säure lassen die Kalkstückchen ein organisches Residuum zurück und die gelben Bildungen sind unverändert. Was jene betrifft kommt es mir wahrscheinlich vor, dass sie zum Theil als Abschäbsel bei der Bohrung anzusehen sind, diese wiederum sind unzweifelhaft Produkte des bohrenden Thieres, sei es dass sie von besonderen Drüsen des Mantels — es finden sich solche zwar allgemein aber besonders im Halse bei Lithoglyptes vor —, oder vom Cementapparat geliefert werden. Und zwar ist der letztgenannte Fall dadurch ermöglicht, dass die obengenannte glänzende Haut, welche die Kalkschichten an der Fussscheibe bedeckt, sich auch ausserhalb dieser auf die angrenzenden Theile der Höhle erstreckt, wo sie von Auszweigungen der Cementkanäle festgehalten wird. Dass sie aber, auch bei erwachsenen Exemplaren, nicht immer dort vorkommt, findet natürlich in der beständigen Abnutzung der Wände durch die Mantelöffnung seine Erklärung. Ehe dies geschieht, scheint mir indessen oft eine Verkalkung stattzufinden; und zwar könnte deshalb die genannte bei der Entkalkung zurückbleibende organische Substanz zum Theil vom Thiere selbst herstammen.

Was ferner die Bohrwerkzeuge und die Schutzeinrichtungen der fraglichen Gattungen betrifft, so sind sie, wie leicht ersichtlich, ganz und gar Bildungen des Mantels. Wie schon gesagt fehlen jene den Haftscheiben, übrigens finden sie sich ziemlich gleichmässig über den Mantel zerstreut und sind bei beiden Gattungen gegen die Mündung grösser. Sie bestehen einzig und allein aus Chitin, sind 1—4-spitzige Dörnchen mit schwachem Stiel — Lithoglyptes — oder mit dickem höckerähnlichen Stiel, besonders im äusseren Manteltheile — Alcippe. Die Mündungsränder des Mantels beider Gattungen sind sowohl durch Form als durch Bewaffnung eigenthümlich. Es gehen nämlich die beiden Mantelblätter nicht in eine Kante zusammen, sondern bilden deren zwei, jederseits durch ein zwischenliegendes langgestrecktes Feld getrennt (Taf. V, Fig. 10). Es ist dies Feld nach der Rückenseite zu breiter und sein Innenrand ist gerade, folglich beim Einziehen des Thieres dem anderseitigen sich dicht anschmiegend. Die Form der beiden zusammengelegten Felder giebt die Form der Höhlenmündung treu wieder; und zwar bestehen sie im Gegensatz zum übrigen Mantel aus hartem gelben Chitin, somit die wichtige Funktion, welche ihnen obliegt, anzeigend. Sie müssen nämlich als Schliessdeckel der Wohnung betrachtet werden, welche dadurch, dass sie in die Höhlenöffnung genau passen, das in die Wohnung sich hineinziehende Thier ganz überdecken. Es kann dies bei beiden Gattungen durch direkte Beobachtung im Leben ermittelt werden, aber es zeugt bei Lithoglyptes noch ein anderer Umstand davon. Wenn das Thier die Cirren hinausstreckt — wobei die Schliessdeckel nicht nur aus einander weichen, sondern eine vertikale Stellung einnehmen, die Oberfläche den Höhlenwänden zugekehrt — zeigt sich, dass die Durchtrittsöffnung der Cirren nur die halbe Länge des Mantels beträgt, die ventrale Hälfte dagegen durch eine die Schliessdeckel verbindende dünne Haut mit längs der Mitte verlaufender Sutur geschlossen ist. Von dieser Sutur geht nahe am Mündungsrand ein breit sich anhaftender Muskel aus, welcher nach der Haftscheibe zu, also in schiefe Richtung, verläuft. *Es hat dieser Muskel offenbar die Aufgabe die Deckel zu schliessen.*

Bei Nachforschung einer dieser entsprechenden Einrichtung bei den höheren Cirripeden bieten sich von selbst zwei Gesichtspunkte, der *physiologische* und der *morphologische* dar. Was jene betrifft, ist zuerst einleuchtend, dass *die Aufgabe der Schliessdeckel zunächst derjenigen der Scuta der Lepadiden und Balaniden entspricht.* Wo diese Schilder eine grössere Ausbildung erreichen, treten sie nämlich in beiden Klassen vorzugsweise als die inneren weicheren Körpertheile deckend auf. Und zwar sind sie bei den Lepadiden mit den übrigen Capitulumplatten ähnlich ausgebildet, bei den Balaniden dagegen haben sie, sowie die Terga, im Allgemeinen eine grössere Selbständigkeit gewonnen, indem sie einen mehr oder weniger horizontalen Deckel darstellen. Diese Selbständigkeit giebt sich vor Allem durch eine grössere Beweglichkeit des Deckels zu erkennen und zwar wird diese durch besondere Muskeln vermittelt. Der einzige bei den Lepadiden vorhandene Schliessmuskel ist der *Musculus adductor scutorum*, welcher, auf der Innerfläche befestigt, die Scuta an einander zieht.

Ausser diesem kommt aber dem Scutum der Balaniden noch zwei Muskelpaare zu, nämlich a) *Musculus depressor scutorum rostralis*, welcher von der unteren rostralen Ecke der Platte ausgehend schräg rostralwärts nach der Basis verläuft, und b) *Musculus depressor scutorum lateralis*, welcher von der unteren tergalen Ecke der Platte ebenfalls nach der Basis geht. Wie der Name angiebt, liegt diesen Muskeln die Funktion ob, den Deckel[1] herunter in den Schalenkranz zu ziehen.

Was nun die funktionelle Bedeutung des genannten Muskels bei Lithoglyptes ankommt, giebt seine eigenartige Befestigungsweise zu, auf einmal das Zuschliessen der Deckelplatten und deren Herunterziehen in die Höhle zu bewirken. Es wird bei der Kontraktion derselben die Mediansutur der verbindenden Haut heruntergezogen, gleichzeitig aber die Schliessdeckel horizontal eingestellt und die inneren Ränder an einander fest geschlossen. Weil aber das distale Ende des Muskels an der Haftscheibe befestigt ist, hilft der Muskel auch dazu den Mündungsrand und den Halstheil des Mantels herunter in den Mündungshals der Bohrhöhle zu ziehen, dadurch die Weichtheile gegen Anfälle noch besser sichernd. *Es entspricht also der Muskel seiner Funktion nach den Musculi depressores und dem Musculus adductor scutorum zugleich.*

Aus morphologischem Gesichtspunkte weist die gegenseitige Einfügung des Muskels darauf hin, dass er mit einem Musculus depressor gleichbedeutend sein muss, denn es entspricht nach dem oben Gesagten die Haftscheibe bei Lithoglyptes der Basis der Balaniden. Dass er ferner in der Medianlinie verläuft und dazu auf der Rostralseite sich befestigt, scheint anzugeben, *dass er zunächst mit dem Musculus depressor rostralis bei den Balaniden vergleichbar ist.* Es kann zwar der Einwurf gemacht werden, dass er fast unter der Mitte der zusammengelegten Schliessdeckel ausgeht, der fragliche Muskel aber vom unteren Ende des Balanidenscutums; es lässt sich jedoch leichter denken, dass er von jenem Punkte an zu diesem vorgerückt sei, bei gleichzeitiger Vertheilung auf die beiden Scuta in unmittelbarer Nähe der Mittellinie als dass er, nach Zweispaltung, nicht nur mit den oberen Enden bis zu den äussersten Seitenecken, sondern auch mit den unteren von der Medianlinie am weitesten sich entfernt habe. Dass nämlich hier eine den höheren Cirripeden

---

[1] Es findet sich ein herunterziehender Muskel auch am unteren Rand des Tergum befestigt.

ganz fremde Bildung vorläge, halte ich in Betracht der übrigen homologen Gestaltung nicht wahrscheinlich.

Jedenfalls bietet das Vorhandensein wenn auch unverkalkter Schliessdeckel bei Alcippe und Lithoglyptes sowie eines dieselben niederziehenden Muskels bei dieser Gattung in phylogenetischer Hinsicht ein grosses Intresse, indem dadurch 1:o) über die erste Entstehung der Schutzplatten bei den bohrenden Cirripeden Licht geworfen wird und 2:o) die Scuta als die ältesten Deckplatten der Cirripeden sich bewähren.

Bezüglich des ersten Punktes könnten vielleicht die Schutzplatten des Lithoglyptes und Alcippe einzig und allein als Anpassungen an die bohrende Lebensweise betrachtet werden, und zwar deshalb, dass sie den einzigen blossgestellten Theil des Thieres, die Mantelöffnung, beschirmen. Mit ebenso gutem Grunde sollte man aber eine ähnliche Bildung — nur in grösserer Umfassung — bei dem bohrenden Lithotrya erwarten, während dass in der That nicht nur Capitulum sondern auch der Pedunkel mit mehreren Platten bewaffnet sind. Es sind also Lithoglyptes und Alcippe wahrscheinlich Vertreter einer früheren und zwar sehr einfachen Stufe in der Entwicklung der Mantelbewaffnung, besonders derjenigen, welche auf den Schutz sich bezieht.

Was den zweiten Punkt betrifft, so macht die, wenigstens bei Lithoglyptes, unzweifelhafte Scuta-Natur der chitinösen Schliessdeckel eine sehr bemerkenswerthe Bestätigung des von den Lepadidengattungen Alepas und Dichelaspis gelieferten Beispieles aus, dass wo nur ein Paar Platten, entweder verkalkt oder ganz chitinös, sich finden — z. B. bei Alepas minuta Philippi, Alepas quadrata mihi und Dichelaspis bullata mihi — diese die Scuta sind.

Aus dieser Erörterung der Scuta bei Alcippe und Lithoglyptes könnte vielleicht gefolgert werden, dass die Schliessdeckel dem Thiere nur als Schutzwehr dienen. Es kommt ihnen aber noch eine andere Aufgabe zu. Bei Musterung von deren Oberfläche bei Lithoglyptes zeigt sich nämlich nicht nur der ausgeschweifte Aussenrand durch kurze und dicke 2—3-spitzige Dörnchen bewehrt (Taf. V, Fig. 10- 11), sondern auch der innere gerade Rand trägt 1-spitzige schief konische Dörnchen und in dem zwischenliegenden Felde stecken dergleichen winzige mit Haaren vermengt. Die Bedeutung dieser Bewaffnung wird durch die Bewegungsfähigkeit der Schliessdeckel aufgeklärt. Durch einen vertikalen Schlitz an der Dorsalseite sind nämlich diese fähig, bei Erschlaffung des genannten Muskels sich vertikal einzustellen, die Fläche mit den Dörnchen den Höhlenwänden zugewandt. Indem sie also die Cirren durchlassen, stellen sie sich ihnen zu beiden Seiten schützend an, ihre Berührung mit der Höhlenmündung abwehrend, wirken aber zugleich durch die Bewaffnung reibend und vergrössernd auf die Höhlenmündung und zwar mehr um deren dorsale als ventrale Hälfte, weil die Schliessdeckel ventralwärts theils schmäler sind, theils durch einen Schlitz nicht getrennt, wenig aus einander weichen.

Bei einer solchen Nebenfunktion der Schliessdeckel könnte aber vermuthet werden, dass bei der Abnutzung entstandenes Abschäbsel im geöffneten Mantel sich ansammeln sollte, es wird aber dies durch andere Einrichtungen verhütet. Es finden sich nämlich erstens in der äusseren Mantelhälfte, besonders aber in den Mündungsfalten, Drüsen gehäuft, deren Mündungen im Mantelhalse zerstreut, auf den Schliessdeckel zahlreicher und in der verbindenden Haut am häufigsten, in kurzen Reihen um je 2—6, auftreten. Das gelbbraune Sekret, welches hier und da auf diesen Manteltheilen, sowie bei Entkalkung der die Höhle bekleidenden Kalkmasse getroffen wird, stammt unzweifelhaft von diesen Drüsen her. Es scheint mir seine Bestimmung diejenige zu sein, sowohl die abgeschabten Kalkpartikeln vom Innern des Mantels fern zu halten, als durch Verkittung derselben die Unebenheiten und den beim Anwachs überflüssigen Raum der Höhle auszufüllen, somit den Bewegungen des Thieres eine glatte Fläche darzubieten. Wo aber die verbindende Haut aufhört, streckt sich rings um die dorsale Hälfte der Öffnung jederseits eine kamm-ähnliche Stachelreihe, deren dicht um die Spitze mit ausstrahlenden Nebenstacheln versehene Stacheln durch ihre dichte Anordnung gerade daran gepasst sind die Öffnung von Eindringlingen jeder Art frei zu halten; ich habe ausserdem oft gelbbraune Sekrettropfen auf ihnen angetroffen, welche denselben Zweck haben.

Bei *Alcippe* finden sich Schliessdeckel von hauptsächlich derselben Form wie bei Li-thoglyptes, auch kommen am Aussenrande die grössten 1—2-spitzigen Chitinhöcker mehr-reihig vor; innerhalb dieser aber bis zum Innenrand kleinere konische Höcker. Da eine die ventrale Hälfte überbrückende Haut hier fehlt, ist die Innerseite des Mantels ein wenig unter den Schliessdeckeln mit dicht stehenden langen, nach aussen gerichteten Haaren versehen; gegenüber diesen findet sich jederseits auf der Oberlippe eine wagerechte Reihe ebenso gerichteter Börstchen. Dorsalwärts wird die kammähnliche Stachelreihe des Litho-glyptes durch ein schwach gebogenes Feld dicker konischer dicht stehender Chitinstacheln vertreten. Sämmtliche diese Bildungen, weil im Mantelschlunde selbst steckend und nach der Mündung gerichtet, sind offenbar Schutzeinrichtungen, welche das Eindringen fremder Körper in den Mantelsack verhüten. Vielleicht helfen aber die Stachelreihen der Ober-lippe besonders dazu, die Nahrungszufuhr zu reguliren.

Was das *Muskelsystem* des Mantels betrifft, kommen bei Alcippe sowohl als Litho-glyptes 1:o) *Quermuskeln* und 2:o) *Längenmuskeln* vor, beide nach oben zum Mantelhalse, nach unten zur Fussscheibe sich streckend, jene ausserhalb dieser verlaufend (Taf. VI, Fig. 4 und 5). Es finden sich ferner 3:o) bei Lithoglyptes zahlreiche feine quergestreifte *Muskeln, welche* die dem Pedunkel entsprechende Abtheilung (– *die Ovarienhöhle*) in der Richtung des grösseren Körperdurchmessers *quer durchsetzen*, und deren beide Enden auf einer kurzen Strecke faserig gespalten sind. Bei Alcippe treten freilich auch zwischen der Aussen- und Innenwand derselben Höhle schmale strangförmige Bildungen auf, von jenen unterscheiden sie sich doch durch den ein wenig geschlängelten Verlauf und, insofern ich habe sehen können, durch Mangel an Querstreifen; es sind die Enden nicht tiefer als bei jener gespalten. Vielleicht ist ihre Funktion nur eine stützende sowie derjenigen, die überall zwischen aneinander liegenden Mantelfalten der Cirripeden vorkommen, oder sind sie wirklich auch kontrahirend. Jedenfalls sind jene wie diese von den übrigens im Mantel vorkommenden nach beiden Enden büschelförmig verbreiteten Stützzellen leicht ab-leitbar, was besonders beim Übergang der Haftscheibe in den Mantel einleuchtet (vergl. die genannten Figuren). Ausserdem gehen bei Lithoglyptes 4:o) *schiefe Muskeln* durch die Ovarienhöhle, nämlich theils die untere Hälfte des Schliessmuskels, welcher viergetheilt auf der Aussenwand der Höhle ein wenig nach aussen von der Mitte sich anhaftet, theils vier, von den letztgenannten kurz nach seinem Eintreten in die Höhle ausgehenden

Muskeln, deren anderes Ende auf der Innenwand der Höhle in und etwas über der Mitte 2 oder 3-getheilt sich befestigen (vergl. Taf. VI, Fig. 3 und 4). 5:o) Gehört zu den Mantelmuskeln der oben erwähnte, von der Mitte der Verbindungshaut zwischen den Scuta bei Lithoglyptes ausgehende Muskel, dessen innerhalb der Ovarienhöhle schief nach der Haftscheibe verlaufende untere Hälfte soeben erwähnt ist. Der Funktion nach entspricht er wie schon gesagt dem Musculus adductor und den Musculi depressores scutorum der Balaniden zugleich. Bei Alcippe fehlt die Verbindungshaut; auch ist kein entsprechender Muskel da, so fern ich habe ermitteln können; es werden folglich die Schliessdeckel, welche übrigens weniger ausgeprägt als bei Lithoglyptes sind, allein durch das Zurückziehen des Mantels in die Höhle zusammen gelegt, was besonders durch den engen Eingang begünstigt wird. Endlich 6:o) finden sich bei Alcippe auf der Dorsalseite zu jeder Seite von der vertikalen Spalte des Mündungsrandes *Muskeln*, welche *strahlenförmig nach unten und centralwärts sich verbreiten*. Es sind die unteren Enden nach aussen von den Längenmuskeln befestigt. Was ihre Funktion betrifft kann ich nicht umhin der Ansicht Darwins beizustimmen, nach welcher sie für die Trennung der Mündungsränder, also für die Vertikalstellung der Scuta Bedeutung haben. Bei Lithoglyptes kommt ebenso in der Rückenlinie eine tiefe Einbuchtung des freien Mantelrandes vor und es finden sich jederseits des unteren Endes desselben ganz wie bei Alcippe Muskeln, welche jedoch nur nach unten, in der Richtung der Längenmuskeln des Mantels, gehen. Da sie, sofern ich gesehen habe, nur durch ihre Schmalheit von diesen unterschieden sind und nach unten denselben Verlauf haben, muss ich ihnen einerlei Funktion wie den Strahlmuskeln der Alcippe absprechen.

b) *Körper.* Bei Vergleichung des eigentlichen Körpers beider Gattungen fällt zuerst der Umstand auf, dass, bei einem schlankeren Bau des Hinterkörpers und einer bedeutend grösseren Entwicklung der Endcirren bei Lithoglyptes, das Körperende des hineingezogenen Thieres tief unten in der Höhle liegt, während dass das Körperende Alcippe's fast in gleicher Höhe mit der Mundöffnung sich findet. Die *Segmentirung* ist bei dieser Gattung weniger ausgeprägt, indem nur zwei Segmente — und zwar dem Körperende am nächsten — deutlich getrennt sind, bei Lithoglyptes können deren wenigstens vier unterschieden werden, und im Allgemeinen deuten drei Paare unvollständige Hautfalten an der Bauch- und Rückenseite noch vier Segmente an. Solche Andeutungen von Segmenten kommen auch bei Alcippe, obgleich in wechselnder Zahl, vor. Es liefert aber nicht die Segmentirung, sondern die *Körperanhänge* die wichtigsten Merkmale zur Unterscheidung der Gattungen. Das bei beiden ventralwärts schiefe Hinterende des Körpers trägt bei *Alcippe* nur *drei* Paar Anhänge; das hinterste Paar steckt nicht hinter, sondern zum Theil nach innen vom mittleren Paare und zwar dicht bei demselben, dadurch an die sogenannten Schwanzanhänge, Appendices abdominis, der höheren Lepadiden erinnernd. Auch dürfen sie wohl am besten als solche gedeutet werden, obgleich sie sowohl durch Gliederung als Börstchenausstattung und Länge den übrigen Paaren ähnlich sind. [1] Es

---

[1] Dass die starke Ausbildung dieses Paares kein Hinderniss gegen die Deutung desselben als »Appendices abdominis« ausmacht, scheint die Entwicklung des Thieres an die Hand zu geben. Im Sommer 1890 bekam ich in Bohuslän auch sehr kleine, nur 0.5 Mm. lange, neulich in der Schale eingegrabene Exemplare, deren Haftscheibe noch kaum entwickelt war und zwar die bleibende Lage noch nicht eingenommen hatte. Bei diesen war das mittlere Paar Anhänge am stärksten entwickelt, das letzte aber, obgleich schon 4-gliederig, machte kaum die

stehen aber diese nicht nur mehr aus einander, sondern haben auch eine eigenthümliche Bewaffnung, indem sie am oberen Ende des 2. Gliedes je ein ovales hervorragendes Knöpfchen tragen, welches mit kurzen feinen kammähnlichen, nach oben gerichteten Stachelreihen bedeckt ist. Es kommen dazu unten an der Basis der Cirren grössere ovale ähnlich bewaffnete Hervorragungen vor, welche gleichwie jene nach innen und bauchwärts gekehrt sind. Es sind jene schon von HANCOCK erwähnt und DARWIN spricht die Ansicht aus, sie seien die verkümmerten Inneräste der Cirren welche bei Alcippe, im Gegensatz zu den übrigen Lepadiden, einfach sind. Diese Erklärung findet darin eine wichtige Stütze dass 1:o) die Knöpfchen nach innen und ventralwärts vom dritten Segmente befestigt sind und dass 2:o) dieses Segment nicht wie z. B. bei den Appendices in der Mitte des zweiten Segmentes steckt sondern nach dessen Aussenseite zu, einen Raum für das Knöpfchen auf dessen Innerseite frei lassend. Zur Bestätigung seiner Annahme stellt DARWIN noch das Beispiel des *Alepas cornuta* vor, bei welcher die Inneräste des fünften und sechsten Cirrenpaares zwar noch gegliedert, aber viel kürzer und schwächer als die Aussenäste sind. So könnten auch andere Alepas-Arten. z. B. *A. japonica* vorgeführt werden, deren Innerast des 6. Cirrenpaares nach unten um $\frac{1}{}$ schmäler als der Aussenast ist, also von diesem nach der Innerseite gedrängt nur als ein Anhang desselben erscheint.

Wenn aber die Knöpfchen morphologisch den Inneräsen der Cirren entsprechen, steht jedoch noch die Frage nach dem Grunde dieser eigenthümlichen Umgestaltung, d. i. ihre *physiologische* Aufgabe, übrig. HANCOCK [1] hat die Vermuthung ausgesprochen, sie dienen zum Einfangen der Beute. DARWIN, der indessen wie es scheint nur Spiritus-Exemplare zu seiner Verfügung gehabt, spricht sich über denselben Gegenstand folgendermassen aus: »I at first thought, with Mr. Hancock, that these buttons served to catch the prey; but reflecting on their convexity and hardness, they appear very badly adapted for this purpose; it would, in fact, be a marvellous feat to secure, in the dark, any moving object between four balls. On the other hand, this very convexity, the hardness, and especially the crenated ridges, and the powerful muscles (which from the first surprised me), are all well explained, if we suppose the prey, being secured by the terminal segments, to be triturated between these four balls: any part which escaped upwards would, moreover, be retained in a sort of cage, formed by the inwardly inflected terminal segments with their hooked spines. This view of the very curious and unparalleled use made of a modified portion, not of the haunch, but of an upper part of the two posterior pairs of thoracic limbs, is in some degree confirmed by finding that Cryptophialus, which has apparently analogous habits, requires its food to be triturated, though in this case it is effected by very different means, namely, by four beautifully toothed discs, with brushes of hairs, developed within the lower end of the oesophagus. — The prey, when caught, would probably at once be carried by the movement of the articulated thorax to the mouth (itself moveable), and being there secured by the mouth in front, the caudal appendages behind, the tips of the cirri above, and the broad pedicels of the

---

Hälfte jener in Länge und Breite aus und zwar machte es durch die Befestigung an der Basis des mittleren Paares genau denselben Eindruck wie die Appendices abdominis der Lepadiden im Allgemeinen (Taf. VII, Fig. 16—18 im Vergleich mit Fig. 15.)

[1] Ann. and Mag. Nat. Hist. vol. 4, 1849.

first pair on the two sides, it would be triturated by the four crenated buttons, and would then be forced down the oesophagus by the action of the simple jaws.»

Als ich anfangs Alcippe-Exemplare untersuchte, welche ich an der Westküste Schwedens angetroffen hatte, kam es mir sonderbar vor, es sollten die fraglichen Bildungen im Dienste der Nahrung stehen, konnte aber zugleich, mit Hülfe nur todten Materials, keine andere befriedigende Erklärung darüber geben. Nachdem ich später eine Menge Individen von verschiedener Grösse gefangen, war es mir daran gelegen sie im Leben zu beobachten um auf solche Weise dem Geheimnisse auf die Spur zu kommen. Es stellte sich dann Folgendes heraus, sei es dass das Their in situ d. h. in der von der Seite geöffneten Höhle oder ausserhalb derselben beobachtet wurde.

Der Hinterkörper bewegt sich taktmässig von hinten-unten nach vorne-oben, ohne dass jedoch die Enden der drei Paare Anhänge im Allgemeinen ausserhalb der Mündung erscheinen. Es wird nämlich dies von den Mundcirren verhindert, die jedesmal nach hinten sich bewegen, indem sie mit den beweglichen Ästen wie mit Hämmern jene anschlagen. Sowohl der Hinterkörper selbst als die Anhänge pressen dabei den äusseren Theil des Mantels gegen die Höhle. Nachdem diese Bewegungen mehrere Male nach einander wiederholt worden, hören sie für einen Augenblick auf; es stemmen sich die zwei Cirren-Paare des Hinterkörpers den Mundcirren entgegen, während dass der Mantel im Ganzen, aber besonders dessen unterer hinterer Theil sich zusammenzieht um sogleich darauf sich auszudehnen. Er wird dabei nahe an die Wände der Höhle, besonders nach unten-hinten gedrückt. Sodann beginnen wiederum die erstgenannten Bewegungen des Hinterkörpers, u. s. w. in stätigem Wechsel. In diesen Bewegungserscheinungen liegt aber geradeaus die Erklärung der ausserordentlichen physiologischen Aufgabe der Alcippe-Cirren, welche in ihrem ganzen Bau sich ausspricht. Was die hinteren Cirren anbelangt, bestehen die Abweichungen 1:o) in den bis auf zwei mit spärlichen Börstchen ausgestattene Glieder verkümmerten Aussenästen und 2:o) in den zu einem Stachelpolster reducirten Innenästen. Anstatt dass nämlich die hinteren Cirren der Lepadiden im Allgemeinen — es machen hiervon nur Anelasma und Gymnolepas Ausnahmen — zwei lange vielgliederige Äste tragen, welche durch ihre Ausstülpbarkeit und den reichen Börstchenbesatz die Nahrungszufuhr besorgen, haben diejenigen der Alcippe dieses wie jenes eingebüsst, was wiederum ohne Zweifel von der Symbiose mit Paguriden in den Schneckengehäusen abhängt. Freilich können sie *innerhalb* des Mantelsackes einen Wasserstrom nach dem Munde zu veranlassen, jedoch scheinen die Mundcirren durch ihre Börstchenbüschel, welche immer von allerlei Unrath strotzen, vorzugsweise diese Aufgabe zu haben. Aber die eigentliche Funktion der hinteren Alcippe Cirren wird durch *ihr Stellung den Mundcirren gegenüber* angegeben: *es wirken ihre Aussenäste sowohl als ihre durch die Knöpfchen oder Polster vertretenen Innenäste gegen die Mundcirren, und zwar auf verschiedene Weise, zu demselben Ziele: die Wohnung in der Schneckenschale zu vergrössern.* Durch das Anstemmen der Cirren gegen einander, durch die damit verbundenen Kontraktionen und Erweiterungen des Mantels und durch das abwechselnde Einziehen und Hervorstossen des Hinterkörpers kommen nämlich die Chitinstacheln des Mantels immer wieder mit den Höhlenwänden in nächster Berührung, somit ihre Abnutzung bewirkend.

Bei Musterung der vier Knöpfchen in der natürlichen Lage, die sie bei diesen Bewegungen einnehmen, stellt sich heraus, dass sie nicht nur dieselbe Höhe wie die Äste der Mundcirren erreichen, sondern unter sich dergestalt geordnet sind, dass jene Äste, wenn vorwärts schlagend, zwischen die Aussenäste der Hintercirren gefasst werden und zwar je ein Knöpfchen treffen. Es sind aber die Knöpfchen mit kurzen kammähnlichen Reihen winziger Stacheln versehen, die nach aussen oder unten gerichtet sind, und die Äste der Mundcirren sind ebenso ausgestattet. Bei der Berührung oder Anstemmung beider greifen offenbar diese Stachelreihen in oder gegen einander, somit einen Stützpunkt der genannten wichtigen Muskelbewegungen des Körpers und des Mantels darbietend. Es scheinen aber auch die unten an der Stielenbasis der Hintercirren vorkommenden Stachelpolster dieselbe Aufgabe zu haben und zwar wenn der Hinterkörper weit hinaus tritt, so dass die Stiele der Mundcirren, welche auch Stachelreihen tragen, dorthin reichen.

Meinestheils kann ich also nicht umhin *in der eigenthümlichen Gestaltung der Hintercirren bei Alcippe eine Anpassung auf einmal an die bohrende Lebensweise und an die Symbiose mit den Einsiedlerkrebsen zu sehen.*

Die Verhältnisse der Körperanhänge bei *Lithoglyptes*, dem Anscheine nach von denjenigen Alcippe's ganz abweichend, sind geeignet dieselben in einer sonderbaren Weise aufzuklären. Es versteckt sich Lithoglyptes in Korallen ganz wie Alcippe in Molluskenschalen, und zwar könnte erwartet werden, dass die von der bohrenden Lebensweise abhängigen Bildungen oder Rückbildungen dieser Gattung auch bei jener sich finden. Dies ist aber so wenig der Fall, dass im Gegentheil von den normalen sechs Cirrenpaaren der Cirripeden nur ein Paar fehlt, und zwar sind die vier im Ende des Hinterkörpers steckenden stark entwickelt mit langen Stielen und je zwei vielgliedrigen, dicht mit Börstchen besetzten Ästen. Bei eingezogenen Cirren, wo deren Spitzen dem Munde gegenüber sich befinden, liegt also das Körperende tief unten in der Höhle vom Munde weit entfernt. Auch sind die Schwanzanhänge, wie bei den Lepadiden, wenig entwickelt, ihre Länge nur diejenige der Cirrenstiele erreichend. Wegen ihrer morphologischen Ähnlichkeit mit denjenigen der höheren Cirripeden, besonders aber durch ihren reichen Börstchenbesatz muss die physiologische Aufgabe der hinteren Cirren die allgemeine sein die Nahrungszufuhr zu besorgen.

Die von NOLL[1] beschriebene in Haliotis-Schalen bohrende Gattung *Kochlorine* besitzt ebenso wohl ausgebildete und gefiederte Rankenfüsse am Hinterkörper, obgleich nur 3 Paare da sind. Es liefern also die Gattungen *Lithoglyptes* und *Kochlorine* den indirekten Beweis, dass die Verkümmerung der Alcippecirren nicht etwa eine Folge der bohrenden Lebensweise an und für sich ist, sondern anderswo begründet sein muss. Dieser Grund besteht, meiner Ansicht nach, in der Symbiose mit den Einsiedlerkrebsen, welche durch ihre Bewegungen innerhalb der Schneckenschale, sowie durch das Fortschleppen derselben auf befriedigende Weise für den Wasserwechsel in den Alcippehöhlen Sorge tragen.

Neben dieser allgemeinen Aufgabe scheint aber das vorderste Cirrenpaar des Hinterkörpers bei Lithoglyptes eine besondere Funktion zu haben; es sind nämlich dessen Stiele auf der Innerseite mit winzigen Stachelreihen versehen und der Innerast trägt auf der

[1] F. C. NOLL, Kochlorine hamata N., ein bohrendes Cirriped. Zeitschr. wiss. Zool. Bd. 25, 1875.

Bauchseite aller Suturen eine kurze kammähnliche Reihe von etwas längeren, nach oben gerichteten Stacheln. Wenn die Cirren zurückgezogen sind, werden demselben vordersten Paare gegenüber zwei gerundet-konische wie Zitzen in der konvexen Bauchseite des Körpers steckende Höckerpaare bemerkt, deren ganze Oberfläche mit kurzen, nach aussen konvexen, kammähnlichen Stachelreihen bedeckt ist. Beim Strecken des Hinterkörpers stellen sich nun diese vier Höcker gegen die bestachelten Theile der vordersten Rankenfüsse ein, und zwar so, dass die zwei vorderen je gegen den Innerast, die zwei hinteren je gegen den Stiel ihrer Seite sich anstemmen. Es hat aber diese Einstellung dieselbe Bedeutung wie die ähnliche Erscheinung zwischen den zwei Paaren Hintercirren einerseits und den Mundcirren andrerseits bei Alcippe, nämlich durch den Mantel auf die Höhlenwände zu wirken. Die Aufgabe also, welche den Mundcirrenästen Alcippe's in dieser Beziehung obliegt, ist bei Lithoglyptes von besonderen Bildungen, den Höckern, übergenommen, ein Umstand, der an und für sich sehr beachtenswerth ist, indem daraus erhellt, dass *wo es um eine wichtige physiologische Funktion sich handelt, dieselbe nicht nur morphologisch in verschiedener Weise vermittelt, sondern auch zu besonderen Bildungen Anlass geben kann.* Und was diese, die zitzenähnlichen Höcker, betrifft, dienen sie ausserdem als Anzeiger der *Nothwendigkeit bei der Deutung mancher morphologischen Eigenthümlichkeiten auf die biologischen Verhältnisse Rücksicht zu nehmen.* Es ist das Beispiel der zu Stachelpolster verkümmerten Inneräste der *Alcippe*-Cirren hierbei belehrend; und was *Lithoglyptes* betrifft könnten vielleicht die zwei Höckerpaare, welche je in zwei angrenzenden Segmenten und in gleicher Entfernung von den Suturen stecken (Taf. VI, Fig. 2) als Fussrudimente gedeutet werden und zwar weitgehende phylogenetische Erörterungen veranlassen. Meinestheils bin ich so weit entfernt diese Höcker als rudimentäre Organe zu betrachten, dass ich sie einzig und allein für Anpassungen an die bohrende Lebensweise des Thieres halte.[1]

Es ist noch übrig *die im besonderen Dienste der Nahrungsfunktion stehenden appendikulären Organe* beider Gattungen zu vergleichen (Taf. VI, Fig. 1—2; Taf. VII, Fig. 1—5 im Vergleich mit Fig. 7—14). Hierher gehören 1:o) die *Mundcirren*, bei denen freilich noch die Cirrennatur gespürt wird und zwar durch den Unterschied zwischen einem 2-gliederigen Stiele und zwei bei Alcippe einfachen, bei Lithoglyptes 5—6 gliederigen Ästen; aber sie sind jedoch gewissermassen zu den übrigen Cirren in Gegensatz getreten und zwar sowohl dadurch, dass sie fast durch die ganze Körperlänge von ihnen getrennt sind, als weil ihre Äste gegen diejenigen der hinteren Cirren sich krümmen. Über die besondere Beweglichkeit der Äste bei Alcippe und die Bedeutung ihrer Stachelreihen ist schon oben gesprochen. Unter den eigentlichen Mundtheilen sind 2:o) die *hinteren Maxillen* im Ganzen ähnlich gebaut. Was aber 3:o) die *vorderen Maxillen* betrifft, erinnern sie bei Lithoglyptes sowohl durch den abgesetzten Basaltheil als durch die

---

[1] Bei der von DARWIN in »A monograph on the Cirripedia vol. 2 beschriebenen«, in *Concholepas Peruriana* bohrenden Gattung *Cryptophialus* findet sich am 1. Thorakalsegment, also vom Munde ziemlich entfernt und durch die Segmentsutur davon getrennt ein Paar Höcker. Es äussert der Verfasser davon; each of these appendages bears four or five bristles on one side near the summit and a few on the other side. lower down: from their position I believe them to be rudiments of a first pair of maxillipeds (tetartognathites of MILNE EDWARDS), of which no trace occurs in any other Cirripede.» Leider bin ich nicht in Gelegenheit gewesen dieses Thier zu untersuchen. Es scheint mir aber schon wegen der Lage dieser Anhänge schwierig der Darwinschen Ansicht beizustimmen. Vielleicht liegt hier noch ein Beispiel einer der bohrenden Lebensweise angepassten Bildung vor.

starke Bewaffnung der Endkante an die Lepadiden im Allgemeinen, bei Alcippe sind sie
durch ein trapezoidisches Stück vertreten, dessen Kaurand nur in der äusseren zahnähnlich
auslaufenden Ecke einen einzigen Zahn trägt. 4:o) Tritt uns in den *Mandibeln* des Lithoglyptes die bei den Lepadiden gewöhnliche Beilenform der äusseren Hälfte nebst dem be-
zähnten Kaurande entgegen, diejenigen Alcippe's dagegen zeigen nur in Betreff der zahnähnlich ausgezogenen äusseren Ecke des Kaurandes mit jenen Ähnlichkeit, dagegen fehlt
ganz eine innere Ecke sowohl als Bewaffnung und es geht die innere Seite in den Kaurand bogenförmig über. Endlich 5:o) haben die *Palpen* des Lithoglyptes einen an die
Lepadiden, z. B. an Alepas, erinnernden Bau, bei Alcippe sind sie durch eine breit aufsitzende kurze, nach aussen breit gerundete Scheibe vertreten, welche mit winzigen Stachelreihen, aber nicht mit Börstchen versehen ist. In den meisten Fällen weicht also, was
die Mundtheile betrifft, Alcippe von den höheren Lepadiden viel mehr als Lithoglyptes ab.

Der *Nahrungskanal* zeigt bei Lithoglyptes (Taf. VI, Fig. 2) einen sehr langen,
nach oben bogenförmigen Oesophagus, der im Innern der Länge nach gefaltet ist; er
schiesst ein wenig in den Mitteldarm herunter, welcher anfangs weiter, oval ist, sodann
eine Strecke fast röhrenförmig verläuft um im Boden des Sackes, wo der Körper sich um-
biegt, in den noch schmäleren Hinterdarm überzugehen, der zwischen den hinteren Cirren
nach aussen mündet.

Generationsorgane. Die bohrenden Individen von Lithoglyptes und Alcippe, d. h.
diejenigen, welche bisher die Gegenstände der Vergleichung gewesen, sind nur *weiblich.*
Es finden sich die *Ovarien* beider Gattungen in dem von den Mantelfalten umgrenzten
Raum, welcher nach aussen von der Haftscheibe begrenzt wird, und morphologisch dem
Stiele der Lepadiden entspricht. Auf einem Seitenlängenschnitte des *Lithoglyptes* zeigt
sich deren ein der Aussenwand genäherter Längenstamm, der seitwärts und bogenförmig
nach innen—aussen Seitenzweige entsendet, welche ihrerseits wiederum kurze Zweige tragen.
Wo und wie die Eierbefruchtung geschieht, ist eine Frage, welche ich bis auf Weiteres
offen lassen muss. Die reifen Eier sind ausserhalb des Pedunkels im Zwischenraume
zwischen diesem und dem Körperrücken gehäuft, wo die Embryonen ihre Entwicklung
durchlaufen und die Nauplii frei werden.

Nervensystem. Auf Längenschnitten von Lithoglyptes, wo der Nahrungskanal in
seiner ganzen Länge sichtbar ist, kommt rückwärts vom Oesophagus ein wenig hinter
dessen grösster Krümmung ein ovales Ganglion vor, welches nach vorne zwei dicke Nerven
aussendet, die im weiteren Verlauf bei Umbiegung nach hinten den Oesophagus umfassen und bauchwärts von diesem in ein grösseres elliptisches Ganglion eintreten. Es
liegt dieses Ganglion theils mehr nach hinten als jenes, theils auch vom Oesophagus
weiter entfernt.

B. Zwergmännchen.

Was zuerst den Anheftungsort anbelangt sind die Männchen beider Gattungen in der Nähe der Haftscheibe des Weibchens und zwar an deren äusseren Seite, befestigt. Obschon die erwachsenen Exemplare der äusseren Form nach verschieden sind, stimmen sie doch, was die inneren Organe betrifft, sehr genau mit einander. Es fehlen beiden Nahrungskanal und appendikuläre Organe, mit Ausnahme der *Haftantennen*. Diese sind beim erwachsenen *Alcippe-Männchen* in einer runden Hervorragung ungefähr mitten auf dem Thiere belegen, bei dem nicht ausgebildeten stecken sie aber im Ende oder in dessen Nähe, indem der später hinter den Antennen hervorwachsende, Testis und Vesicula seminalis enthaltende Theil noch nicht da ist.[1] Bei dem *Lithoglyptes-Männchen* stecken die Antennen, sogar wenn die Generationsorgane entwickelt sind, in dem vom Penis distalen Körperende.

Die einzigen *inneren* Organe gehören der Fortpflanzung und dem Nervensystem an. Die *Generationsorgane* bestehen bei beiden Gattungen aus einem im Boden des Sackes liegenden *Testis* und aus einer nach innen von diesem befindlichen *Vesicula seminalis*, welche nach dem distalen Ende des Mantels durch den von einer Scheide umschlossenen Penis sich fortsetzt. Auch haftet die Scheide beider auf ähnliche Weise an den Sackenwänden. Über das Verhältniss des Testis und der Vesicula habe ich besonders bei Alcippe nähere Auskunft bekommen. Bei jüngeren Exemplaren — vergl. Taf. VI, Fig. 7 — übergeht Testis die Vesicula viel in Länge und hat zwar eine elliptische oder gestreckt ovale Form. Falls die Spermatozoiden schon entwickelt sind, liegen sie bündelweise zusammen, die Bündel gegen die Vesicula konvergirend, ringsum aber, besonders nach hinten, von Spermazellen umgeben; die Vesicula ist leer. Bei mehr vorgeschrittenen Individen — vergl. Taf. VI, Fig. 6 — hat die Vesicula an Grösse bedeutend zugenommen und ist länglich oval, während dass der Testis kürzer, fast gerundet geworden. Die bedeutende Vergrösserung jener steht mit ihrer Erfüllung von Spermatozoiden in Zusammenhang, welche in bedeutender Menge aus dem Testis heraustreten und zwar auch hier, wenigstens im distalen Theile zu Bündeln vereinigt sind, die entweder der Länge oder der Quere nach liegen; im proximalen Theile, besonders da, wo die Vesicula bei Übergang in den Penis sich verengert, sind sie alle in der Richtung dessen Kanals gelagert; den Übergang in diesen vermitteln in der Wand der Vesicula dicht gelagerte Ringmuskeln. In dem beinahe runden Testis finden sich zugleich noch Bündel von verschiedener Lage zurück. Die *Spermatozoiden* (Taf. VI, Fig. 8, 9) sind fadenförmig, die ovale Spermacelle entweder kopfähnlich das Ende einnehmend oder auch kleiner, vom Ende mehr weniger entfernt. In den Bündeln finden sich die Köpfchen nach den divergirenden Enden zu.

Nervensystem. Auf oder ein wenig *vor* der Vesicula seminalis findet sich beim *Alcippe*-Männchen ein langgestrecktes Ganglion, in der Mitte durch eine seichte Querfurche eingeschnürt; die vordere ovale Abtheilung sendet nach der Penisscheide zu einen Nervenstamm aus, von den hinteren mehr gerundeten geht in entgegengesetzter Richtung

---

[1] Der andere, später Penis enthaltende Theil ist zugleich nur halb so lang und verhältnissmässig breiter als beim erwachsenen Thiere.

ein ebenso starker Nerv, von der Länge des genannten Ganglions. Er endigt in ein hinteres, durch zwei seichte Einschnürungen in der Quere abgetheiltes Ganglion, etwas schmäler aber fast ebenso lang als jenes. Mit diesem verbindet sich durch einen längeren oder kürzeren, von rothem Pigment umlagerten Stiel das schwarzpigmentirte Auge.

Was die Bezeichnung der beiden Ganglien betrifft, kann ich nicht umhin *dieses* als *Ganglion opticum* anzusehen und zwar zunächst bei Vergleichung mit dem z. B. bei den meisten Branchiopoden obwaltenden Verhältniss, wo nämlich ein vom Supraoesophageal-ganglion gesondertes Ganglion sich findet, welches entweder, wie bei *Leptodora hyalina* LILLJEBORG jenem unmittelbar aufsitzt, oder, wie bei *Podon intermedius* LILLJEBORG durch einen verhältnissmässig ebenso langen Nervenstrang wie im fraglichen Falle mit jenem verbunden ist. Auch ist eine Abschnürung in zwei Abtheilungen, z. B. bei Podon und noch mehr bei *Branchipus stagnalis* L. ausgesprochen.

Jenes Ganglion wiederum ist, nach dem Gesagten, als *Gehirnganglion* zu deuten, ein Name, der hier bei Mangel eines Oesophagus, sowie eines Nahrungskanals im Ganzen, um so mehr vor Supraoesophagealganglion vorzuziehen ist, als von einem oder mehreren *unteren* Ganglien hier keine Rede ist; wenigstens habe ich dergleichen nicht auffinden können. Bezüglich der Querfurchung desselben Ganglions findet sich z. B. bei einer grossen Zahl von Branchiopoden eine solche Duplicität angedeutet.

Was die übrigen Cirripeden betrifft liegt eine Vergleichung mit dem Nervensystem der Zwergmännchen gewisser Scalpellum-Arten am nächsten. Es hat Dr HOEK eine Darstellung desselben beim Zwergmännchen von *Scalpellum regium* (W. THOMSON) HOEK gegeben[1], und zwar besteht es aus einem Supraoesophagealganglion und einem unteren Thorakalganglion, durch den Oesophagus umfassende Nerven unter sich verbunden, also aus denselben Haupttheilen, welche auch bei dem weiblichen Lithoglyptes – siehe oben - angezeigt worden. Beim Mangel eines Nahrungskanals sowie der Extremitäten scheint nun bei den Alcippe-Männchen auch ein unteres Ganglion zu fehlen.

Noch sei mit dem Nervensystem in Zusammenhang das kleine gerundete Organ erwähnt, welches in unmittelbarer Nähe des Gehirns liegt; in der Mitte eines feinkörnigen peripherischen Lagers liegt eine sackenförmige Bildung grobkörnigen gelben Inhalts. Ob die von HOEK erwähnten, auch in der Nähe des Supraoesophagealganglions beim Zwergmännchen des Scalpellum regium liegenden glands of unknown nature ähnliche Bildungen sind, muss ich zwar dahingestellt sein lassen, halte es aber nicht unwahrscheinlich.

Auch beim *Cyprisstadium* des Zwergmännchens Alcippe's findet sich ein ähnliches Organ nach hinten-oben von dem zusammengesetzten Auge belegen.

[1] Voyage of H. M. S. Challenger. Zool. Report on the Cirripedia. Anatomical part. P. 28. 1884.

TAFEL I.

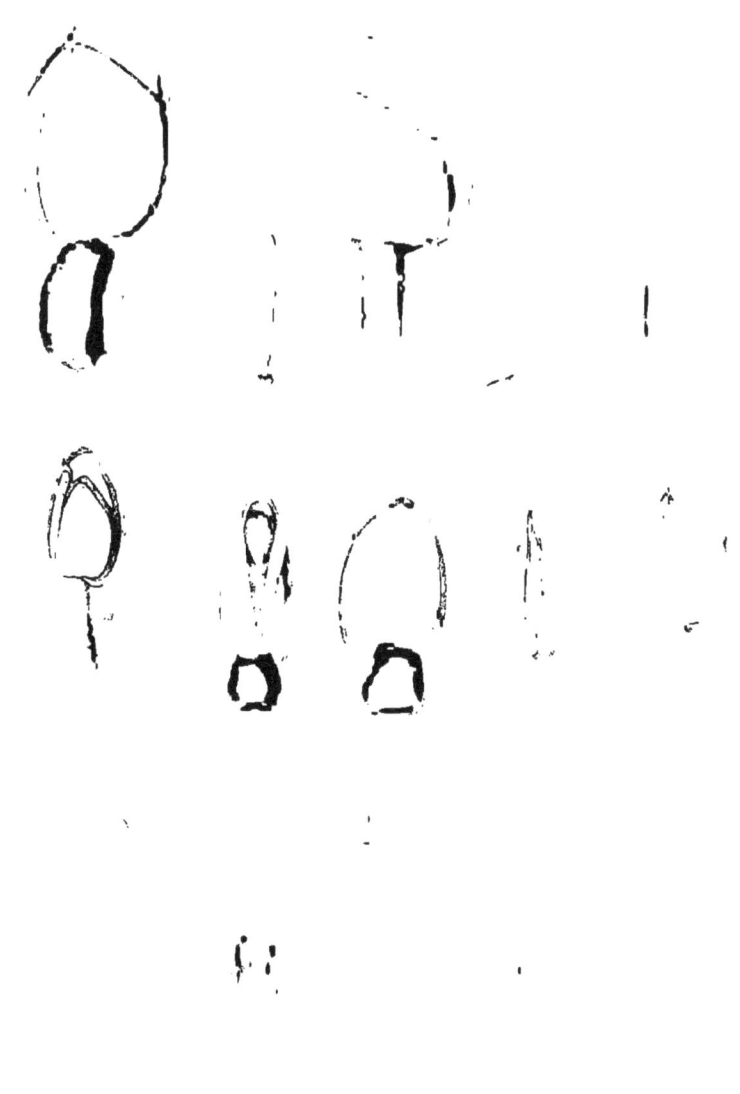

TAFEL II.

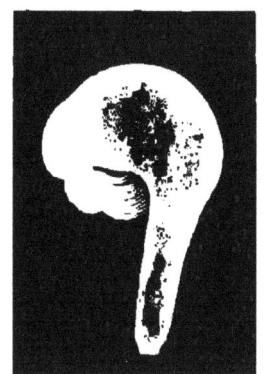

TAFEL III.

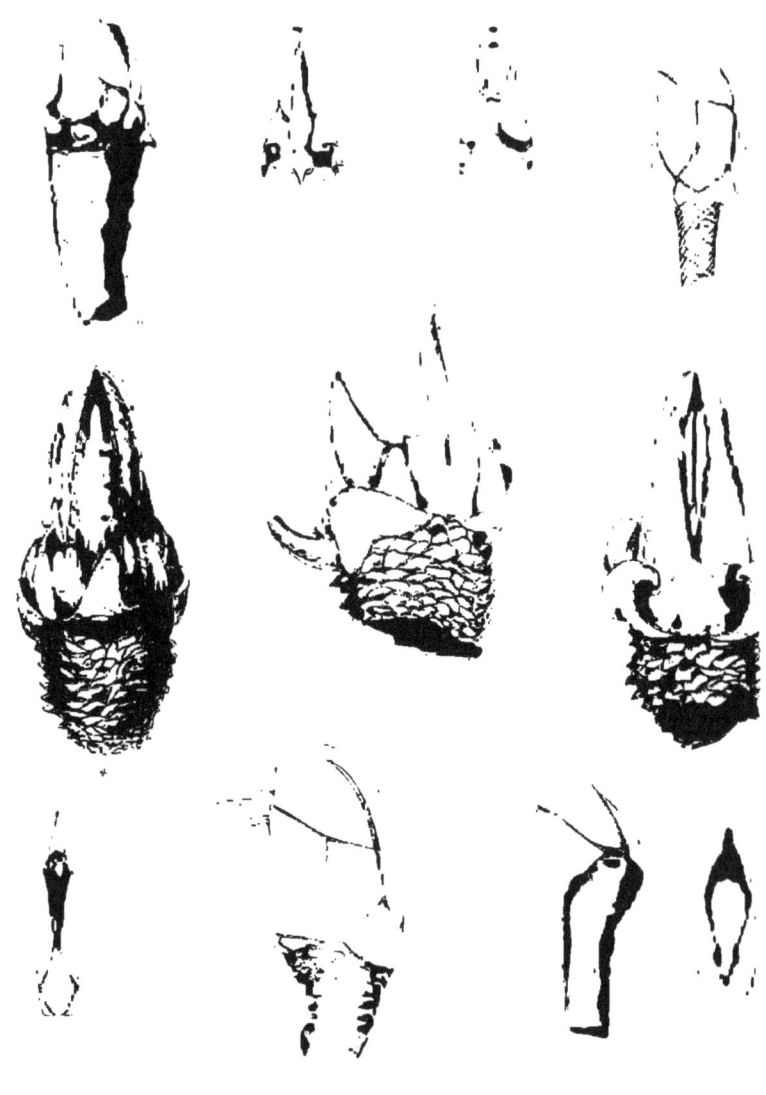

TAFEL IV.

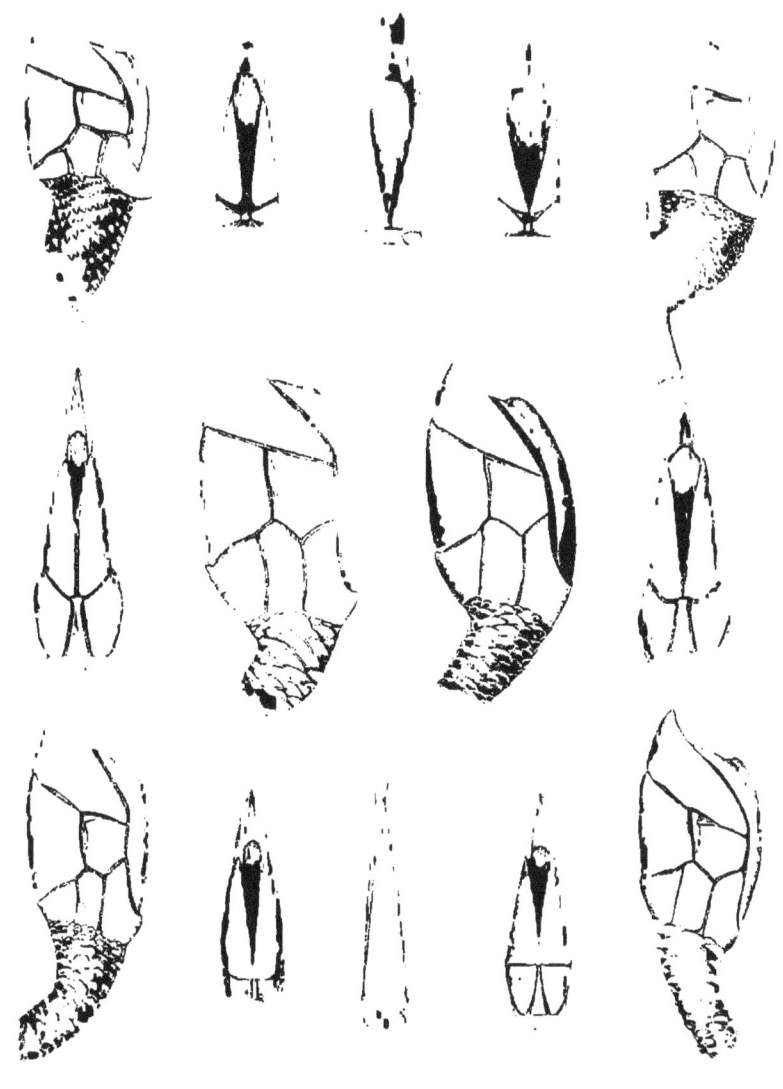

TAFEL V.

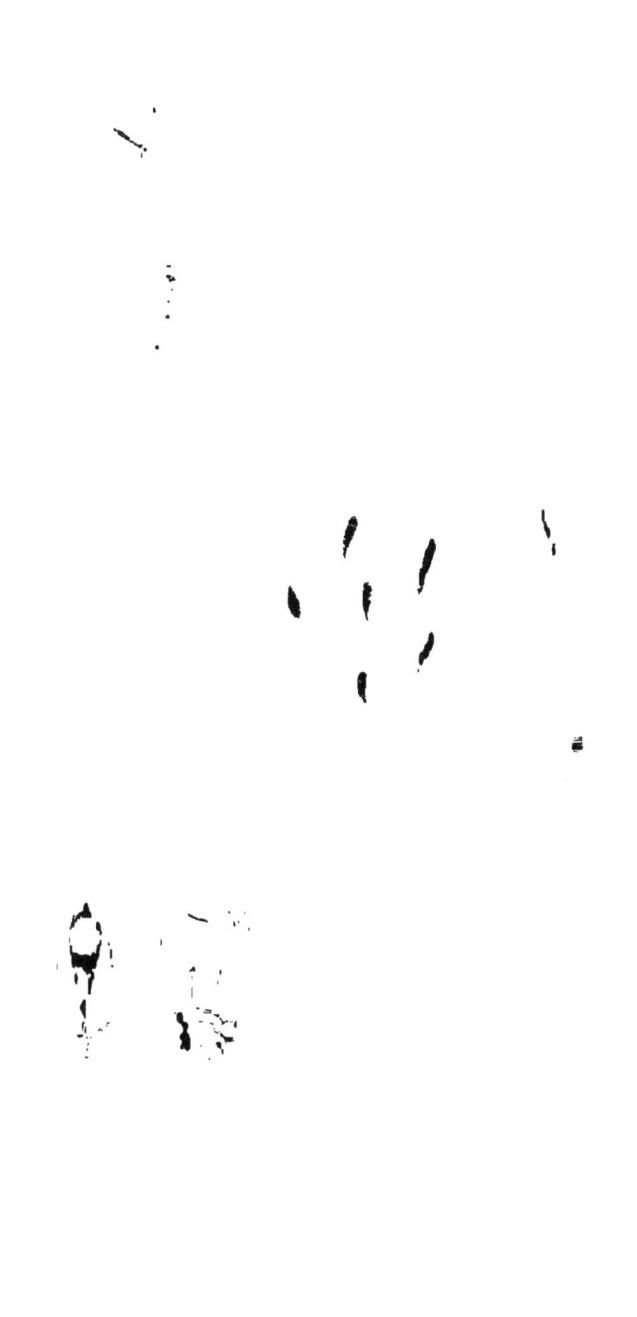

TAFEL VI.

Fig. 1. Alcippe lampas HANCOCK. Körper des Weibchens, aus dem Mantel genommen.
   2. Lithoglyptes indicus C. W. AURIV., Körper des Weibchens, aus dem Mantel genommen.
   3.   Längsschnitt durch den Mantel und die Fussscheibe (Pedunkel) des Weibchens.
   4.   Querschnitt durch den Mantel und die Fussscheibe, ein wenig oberhalb der Mitte.
   5. Alcippe lampas HANCOCK. Querschnitt durch den Mantel und die Fussscheibe des Weibchens.
»   6.   »   Zwergmännchen, das eine Körperende mit Testis, Vesicula seminalis und Nervensystem.
   7.   Zwergmännchen, dieselben Organe bei einem jüngeren Individ.
   8.   Spermatozoidbündel.
   9.   zwei Spermatozoiden.
  10. Dichelaspis bullata C. W. AURIV., Hinterende des Körpers. o.o. Testes mit Vas deferens. e. Ventriculus und Darm mit Anus an der Basis des Penis.
  11.   Ende des Penis.
  12. Poecilasma tridens n. sp., Penis.
  13. Oxynaspis patens C. W. AURIV., Stück eines Querschnittes durch den Pedunkel, mit einem Dörnchen.
  14. Antipathes sp., auf welchem Oxynaspis patens befestigt ist; Hälfte des Querschnittes eines Astes mit den Dörnchen.
  15. Oxynaspis patens C. W. AURIV., Schleifschnitt quer durch Tergum, mit dem Kanal eines Dörnchens.

TAFEL VII.

TAFEL VIII.

Fig. 1. Gymnolepas pellucida n. gen. et sp., Mandibel.
   2. Alepas quadrata n. sp., Mandibel.
   3.   japonica C. W. Auriv., Mandibel.
   4. Lepas testudinata   vordere Maxilla.
   5. Gymnolepas pellucida n. gen. et sp., vordere Maxilla.
   6. Alepas quadrata n. sp., vordere Maxilla.
   7.   japonica C. W. Auriv., vordere Maxilla.
   8. Scalpellum stratum   d:o.
   9. Oxynaspis patens   d:o.
  10. Poecilasma vagans   d:o.
  11. Gymnolepas pellucida n. gen. et sp., 6. Cirrus und Schwanzanhang.
  12. Alepas quadrata n. sp.,   d:o   d:o.
  13. Poecilasma tridens n. sp.,   d:o   d:o.
  14.   amygdalum n. sp.,   d:o   d:o.
  15.   lenticula n. sp.,   d:o   d:o.
  16.   vagans C. W. Auriv.,   d:o   d:o.
  17. Gymnolepas pellucida n. gen. et sp., hintere Maxilla.
  18. Dichelaspis angulata n. sp., 6. Cirrus und Schwanzanhang.
  19.   bullata C. W. Auriv., 6. Cirrus und Schwanzanhang.
  20.   Warwicki J. E. Gray, 3—4 Mm. lang, aus dem Indischen Ocean, 6. Cirrus und Schwanzanhang.
  21.   15 Mm. lang aus dem Chinesischen Meere, bei Borneo, 6. Cirrus und Schwanzanhang.
  22. Poecilasma vagans C. W. Auriv., 2 mittlere Segmente des Innerastes des 6. Cirrus.
  23. Scalpellum galea   1. Cirrus.
  24. Dichelaspis angulata n. sp., mittlere Segmente des 6. Cirrus.
  25.   bullata C. W. Auriv., d:o   d:o.
  26.   Warwicki J. E. Gray, 3—4 Mm. lang, mittlere Segmente des 6. Cirrus.
  27.   »   »   »   15   »   d:o   d:o.
  28. Poecilasma lenticula n. sp., mittlere Segmente des 6. Cirrus.
  29.   tridens n. sp.,   d:o   d:o.

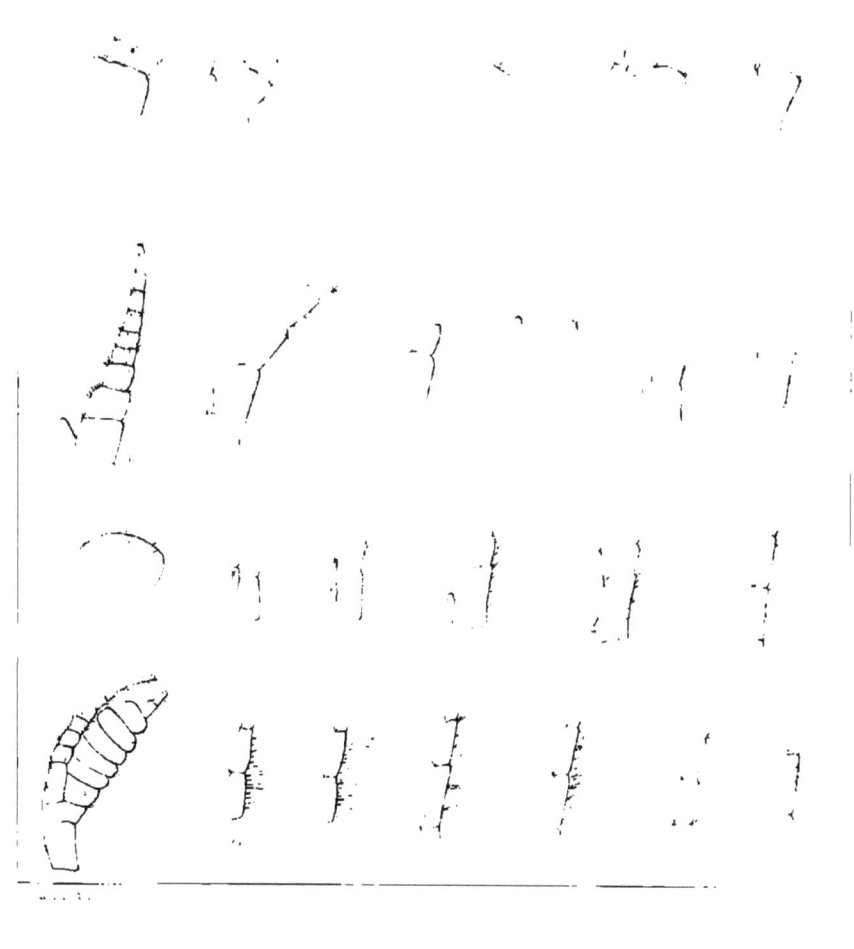

TAFEL IX.

Fig. 1. Nauplius von Conchoderma virgatum SPENGLER. soeben aus dem Eie entschlüpft, 0,2 Mm. lang.
2.   in einem späteren Stadium.
3.   Alepas japonica C. W. AUHIV., soeben aus dem Eie entschlüpft.
4.   Alcippe lampas HANCOCK, ♀, in einem kurz auf die Entschlüpfung folgenden Stadium.
5. Metanauplius von Scalpellum erosum C. W. AUKIV., frei innerhalb des mütterlichen Capitulum.
6. Cyprislarve von Scalpellum obesum C. W. AUKIV., frei innerhalb des mütterlichen Capitulum.
7.   6. Cirrus.
8.   Schwanzanhang.
9. Alcippe lampas ♀, 1 Mm. lang.
10. Cyprispuppe des Komplentär-Männchens von Scalpellum scorpio C. W. AUKIV., 0,5 Mm. lang.
11. Komplementär-Männchen von Scalpellum scorpio.
12.   „   Mandibel.
13.   vordere Maxilla.

- - -

II.

DIE VON LINNÆUS IN SEINEM WERKE "MUSEUM LUDOVICE ULRICE" BESCHRIEBENEN CIRRIPEDEN.

Die einzige Quelle zur rechten Erkenntniss der in den Werken Linné's beschriebenen Naturalien, welche noch in seinem Vaterlande zurück bleibt, ist die ehemals in Ulriksdal und Drottningholm aufbewahrten Naturaliensammlungen des Königs Adolph Friedrich und seiner Gemahlin Lovisa Ulrica. Es enthielt jene Vertebraten, diese Evertebraten, und zwar Gliederthiere, Weichthiere, Röhrwürmer, Stachelhäuter und Korallen. Die Bestimmung und Anordnung beider wurde dem Linnæus anbefohlen, eine Arbeit, welcher er im Ganzen 5—6 Monate der Jahre 1751—1754 widmete[1], deren Resultate aber zuerst in den 1764 erschienenen Museum Ludovicae Ulricae und Museum Adolphi Friderici veröffentlicht wurden. Es besteht jenes Werk aus drei Abtheilungen, nämlich: *Pars I, Insecta*, die ausser Insekten auch Spinnen, Tausendfüssler und Krebse — die Rankenfüssler ausgenommen — umfasst; *Pars II, Testacea*, die nebst Weichthieren auch Rankenfüssler und Röhrwürmer mit einschliesst; und *Pars III, Vermes*, aus Seeigeln und Seesternen bestehend. Von der ganzen Evertebratensammlung hat der Verfasser in diesem Werke also nur die Korallen weggelassen[2].

Beide Sammlungen wurden vom Könige Gustav IV. Adolph im Jahre 1804 der Universität zu Upsala überlassen, wo sie noch heut zu Tage sich finden und zwar in solcher Weise aufbewahrt, dass, so weit bisher ausgemacht ist, nicht nur ganz wenig in der ursprünglichen Anzahl der Arten und Exemplare fehlt, sondern alles auch in demselben Zustande wie zur Zeit der Überreichung beibehalten ist. Es wurde nämlich, bei der Überreichung, von dem damaligen Vertreter der Zoologie zu Upsala, Professor C. P. Thunberg, nicht nur ein besonderes Namensverzeichniss derselben gemacht, sondern auch die Zahl der Exemplare — wo deren mehrere sich fanden — angegeben; es findet sich dieser von der Hand Thunbergs geschriebene in 4to mit dem Titel: Donatio Gustavi Adolphi gebundene Katalog in der Bibliothek des hiesigen Universitätsmuseums. Für die Ächtheit der Specimina bürgt die ebenfalls von Thunberg einem jeden Exemplare beigefügte Etikette: Mus. Gust. Ad. oder Mus. Ad. Fredr., wozu kommt — was die Testacea betrifft

---

[1] Vergl. die eingehende Auseinandersetzung S. Lovén's dieser und anderer Fragen in der I. Abtheilung seines unten citirten Werkes.

[2] In der Vorrede zu Museum Lud. Ulr. sagt Linné: den andra delen af Eders Majestäts rika samling, nämligen de praktige Coraller - — har jag lemnat till ett annat dagsverk.

— die von O. SWARTZ den Naturalien selbst aufgeklebten gedruckten Artennamen und eine von THUNBERG geschriebene auf der Baumwolle der Papierschächtelchen, wo die Specimina selbst haften, befestigte Namenetikette.

Die kritisch-vergleichenden Untersuchungen, welche bisher über diese Sammlungen zur Aufklärung der Synonymik der Linnéanischen Artennamen gemacht worden, sind:

1882. Recensio critica Lepidopterorum Musei Ludovicæ Ulricæ quæ descripsit CAROLUS A LINNÉ. Auctore CHR. AURIVILLIUS. K. Svenska Vetenskaps Akademiens Handl. Bd. 19. N:o 5. Stockholm.

1887. On the Species of Echinoidea described by LINNÆUS in his work Museum Ludovicæ Ulricæ. By SVEN LOVÉN. Bihang till K. Svenska Vetenskaps Akademiens Handl. Bd. 13. Afd. IV. N:o 5. Stockholm, in welcher Arbeit ausserdem der Geschichte der beiden Museen und der vielfachen Beziehung LINNÉS zu denselben eine eingehende Prüfung gewidmet ist.

Es hatte LINNÆUS schon im Spätsommer des Jahres 1752 die für seine künftigen Arbeiten so wichtige Bestimmung und Anordnung des königlichen Museums auf Drottningholm beendigt, und zwar geben, schon lange vor der Erscheinung des Museum Ludovicæ Ulricæ (1764), theils die grundlegende 10. Ausgabe des Systema Naturæ (1758), theils seine schon im Herbste 1752 in Upsala gehaltenen Vorlesungen über Vermes davon Zeugniss ab.

Was die Cirripeden betrifft wird in den *Vorlesungen* die Gattung *Lepas* unter den *Testacea*, der dritten Abtheilung der Klasse Vermes, eingereiht, und zwar am Ende der Cochleae nach Cymbium — später Argonauta — gestellt. In *Systema Naturæ* 1758, wo Chiton die Reihe der Testacea öffnet, hat die Gattung *Lepas* ihren Platz zwischen Chiton und Pholas bekommen, ganz dieselbe Anordnung, welche später in *Museum Ludovicæ Ulricæ* sich wiederholt.

In Systema Naturæ Ed. 10 kommen 5 Arten der Gattung vor — balanus, tintinnabulum, testudinaria, mitella und anatifera —, gerade dieselben Namen, welche in Museum Ludovicæ Ulricæ sich finden und zwar auch in derselben Reihenfolge.

Es werden im Folgenden diese Arten in der Ordnung behandelt wie dies von LINNÆUS in Museum Ludovicæ Ulricæ geschehen ist, unter Ergänzung zugleich der Hinweisungen mit *allen* Autorennamen, die in den verschiedenen Schriften LINNÉS citirt, sowie mit Erwähnung alles dessen, was übrigens in denselben von jeder Art gesagt worden ist. Nach den zu jeder Art gemachten Bemerkungen folgt in kursiver Rubrikschrift der Gattungs- und Artenname, welcher einer jeden der Linnéanischen Species nach der jetzigen Kenntniss dieser Thiere beizulegen ist, unter Angabe der auf dieselbe einpassenden Namen früherer und späterer Autoren.

Upsala im März 1893.

1. Lepas balanus L.

Lepas testa conica sulcata, operculis acuminatis.

Fauna suecica ed. 1. 1746;[1]
    Argenv. nat. 361, t. 30, f. A.

Prælectiones 1752:
    Iter WestG. p. 170.

Systema Naturæ ed. 10. 1758:
    Leuwenh. epist. 82, p. 472, t. 465.
    Lister Angl. tract. 3, 196, t. 5 (2), f. 41.
    Conch. t. 144, f. 287.
    Argenv. conch. t. 30, f. D.
    Klein ostr. t. 12, f. 94, 95.

Museum Ludovicæ Ulricæ 1764:
    Acta angl. t. 31, f. 17, 1758.
    Baster subs. 127, t. 12, f. 7—10.

Systema Naturæ ed. 12. 1767:
    Gnalt. test. 106, f. P.

Fauna suecica ed. 1. 1746:
    Habitat in ostreis et lapidibus frequens in mari Atlantico.

Iter WestG. 1747:
    Denna Balanus satt här och där pa sjelfva taskkräftorna.

Prælectiones 1752:
    Finnes vid Wästerhafvet, der han sitter pa stenar. ostror. taskkräftor etc.

Systema Naturæ ed. 10. 1758 et ed. 12. 1767:
    Habitat ad littora oceani Europæi.

---

[1] Hier steht: operculo acuminato in der Diagnose.

Testa conica, truncata: valvulis pluribus conniventibus: extus inæqualiter sulcata interjectis rugis compressis.

Operculum valvulis quatuor, obliquis, acuminatis: superioribus 2, latioribus, brevioribus, transverse striatis: inferioribus 2, angustioribus, longioribus.

In *Fauna suecica ed. 1*, 1746 lautet die Descriptio des N:o 1349, in Systema Naturæ ed. 10, 1758 *Lepas Balanus* genannt, folgendermassen: Differt a praecedenti — Lepas testa conica truncata, operculo obtuso (— L. balanoides L. Faun. suec. 1761) — quod 1. major sit; 2. testa ad latera sulcis variis inaequalibus exsculpta; 3. quod operculum, quatuor valvulis compositum, acumine longo claudatur oblique mucronato. Über sein Vorkommen wird daselbst bemerkt: habitat in ostreis et lapidibus frequens in mari Atlantico.

Von der Gattung Balanus sind gegenwärtig 5 Arten aus der Nordsee bekannt, nämlich: B. balanoides L., B. crenatus BRUG., B. porcatus DA COSTA, B. improvisus DARW. und B. Hameri ASC. Bei der Identificirung mit der fraglichen Species LINNÉS N:o 1349 der Fauna suec. kommen die beiden letztgenannten, schon durch die ungefurchten Schalen, ausser Betracht; gegenüber der erstgenannten Art ist die Beschreibung gerade abgefasst: es erübrigt also nur an B. crenatus und B. porcatus zu denken. Wiewohl das Operculum die Terga — beider spitz genannt werden können, zeigt jedoch der Zusatz longo, oblique mucronato unzweifelhaft auf *B. porcatus* DA COSTA hin.

Während seiner im Sommer 1746 ausgeführten Reise nach Wester Göthland besuchte LINNÆUS auch die Westküste Schwedens und zwar machte er bei Marstrand in 24 Stunden Frist Beobachtungen und Aufzeichnungen sowohl über die Meeresfauna als -flora. Unter Meeresthieren wurden ihm auch Taschenkrebse gebracht, auf deren Schalen sich Balanen fanden. Auf diese Art wird zwar, unter Hinweisung auf Fauna suec. N:o 1349, die dort stehende Diagnose bezogen, aber die Descriptio lautet: Testa constans valvulis saepius VI, coni truncati forma; apertura superiore tecta valvulis IV, acuminatis, rhombi forma, quarum 2 inferiores majores.

Schon der Fundort könnte zu der Vermuthung Anlass geben, es sei hier die Frage von dem an unseren Küsten besonders auf Dekapoden — z. B. Hyas araneus — häufig auftretenden *Balanus crenatus* BRUG., und in der That wird dies durch die Beschreibung noch wahrscheinlicher. Es findet sich nämlich darin nichts, das gegen eine solche Deutung spricht. Es stehen die beiden Arten einander ziemlich nahe, und zwar besteht der wichtigste Unterschied in der Form der Terga, welche bei B. porcatus eine karakteristische gekrümmt-ausgezogene Spitze haben; *es ist aber gerade dies Merkmal in dem Iter WestG. ausgelassen*.

In den *Vorlesungen über Vermes* im Herbste 1752 [1] wird, nebst Hinweisung zur Fauna suecica N:o 1349 und Iter WestG. p. 170, unter dem Gattungsnamen Lepas zuerst *Lepas conica, operculis acuminatis* vorgeführt, mit der Bemerkung über sein Vorkommen: Findet sich in Wästerhafvet (= der Nordsee), wo er auf Steinen, Austern, Taschenkrebsen u. s. w. aufsitzt. Bemerkenswerth ist das Auslassen des Wortes *sulcata* in dieser Diagnose. Es hängt dies wahrscheinlich nicht von einer Ungenauigkeit des Aufzeichners ab,

---

[1] Codex D, 160, in 4:o, in der Universitätsbibliothek zu Upsala.

sondern der Vorleser selbst hat in der Zwischenzeit (1751 und 1752) während seines
Aufenthaltes in Drottningholm in dem Museum der Königin einen Balaniden gefunden —
später im M. L. U. Lepas Balanus genannt — welcher zwar durch den allgemeinen Habitus den soeben citirten schwedischen Formen ähnlich, jedoch *ohne Furchen* war. Es
wurde die für M. L. U. niedergeschriebene Diagnose, weil umfangreicher, auch für jene
anwendbar befunden, somit die Verschiedenheit der Skulptur als unwesentlich gehalten.

In dem *Systema Naturæ ed. 10.* 1758, wo der Artennamen: *Balanus* — N:o 5,
p. 667 — zum erstenmal vorkommt, findet sich die Diagnose der Fauna suecica N:o 1349
vollständig wieder, und zwar wird unter den Hinweisungen Iter WestG. p. 170 *nicht* genannt, ein Umstand, der vielleicht andeutet, es sei bei dem Verfasser einiger Zweifel über
die Identität jener Art mit dem Marstrandfunde entstanden. Mag das Auslassen dieses
Citats auch durch einen Zufall geschehen sein, ist es gewiss ein glücklicher gewesen, denn
*es steht dadurch unwidersprechlich fest, dass, wo Linnaus zuerst die binominale Nomen-
clatur einführt, mit dem Lepas Balanus den späteren Balanus porcatus* DA COSTA (1778)
bezeichnet wird.

In *Fauna suecica ed. 2.* 1761, N:o 2122, ist sowohl die Diagnose als das Vorkommen
und die Descriptio aus der ed. 1. 1746, N:o 1349, wörtlich wiederholt, jedoch wird hier
zugleich auf Iter WestG. 1747, p. 170 hingewiesen, indessen ohne Zufügung des Fundortes auf den Taschenkrebsen. Es dürfte also hier entweder das Weglassen in Syst. Nat.
ed. 10. 1758 der Hinweisung auf Iter WestG. in Vergessenheit gerathen oder vielleicht
auch der Unterschied nunmehr als unwesentlich betrachtet worden sein.

In *Museum Ludoricæ Ulricæ*, Pars II. Testacea, steht von den Lepas-Arten obenan:
Lepas Balanus. In der »Donatio Gustavi Adolphi [1] ist — unter den übrigen Cirripeden
— nur *ein* Schächtelchen von dieser Art verzeichnet. Es findet sich diese auch noch
richtig da, eine Kolonie von ungefähr 55 Exemplaren enthaltend, die mit einer gedruckten
Etikette versehen ist; wie gewöhnlich sind nebenbei auf der Baumwolle zwei Etiketten —
»balanus« und »Mus. Gust. Ad.« — in der Handschrift THUNBERGS aufgeklebt.

Ausserdem findet sich aber eine grosse Balanenkolonie auf einem ausgehöhlten und
in der Vertiefung mit Sand gefüllten Holzstück, sowie sie zu Trägern von Korallen an-
gewendet worden sind. Auf einer der Aussenseiten des Holzfusses steht: »Lepas Balanus«.
»Mus. Gust. Ad.«, von der Hand THUNBERGS geschrieben. Es fehlt aber eine der Kolonie
aufgeklebte gedruckte Etikette.

Dass indessen diese Balanus-Gruppe wirklich unter die Augen LINNÉS gekommen
ist, finde ich aus folgenden Gründen wahrscheinlich: 1:o) die Wörter der Descriptio in
Mus. Lud. Ulr.: *extus inæqualiter sulcata interjectis rugis compressis* treffen besser auf die
Exemplare dieser als jener Gruppe ein, in so fern nämlich nicht die keilförmigen Ver-
tiefungen zwischen je zwei Parietes damit gemeint seien; diese sind aber theils *æqualiter*
— bei Allen und gleichförmig — da, theils nicht von zusammengedrückten *rugæ* getrennt. 2:o) Das Erwähnen eines Operculum zeugt an und für sich, dass die erstgenannte
Gruppe nicht zu Grunde der Descriptio gelegen hat, denn es kommen dort gar keine

[1] Handschrift in 4:o von C. P. THUNBERG, in der Bibliotek des Zoologischen Instituts zu Upsala aufbewahrt.

Scuta und Terga zum Vorschein, vielmehr sind die Exemplare mit einer harten Sandmasse gefüllt, deren Entfernung jedenfalls sehr schwierig ist und nur ausnahmsweise ein Stück des Operculum an den Tag bringt. Aber auch wenn solches gelingt, zeigen die so gewonnenen Terga den Karakter der Descriptio: *angustioribus*, *longioribus* nicht, während dass bei den Scuta eine Querstreifung zwar vorhanden ist, jedoch keineswegs ein gegenüber der Skulptur der Terga besonders hervortretendes Kennzeichen ausmacht.

Wenn aber anzunehmen ist, dass der Verfasser die grosse dem Holzstück aufsitzende Gruppe mit der Descriptio des M. L. U. zunächst beabsichtigt, könnte vielleicht der Umstand einen Zweifel erregen, dass eine gedruckte Etikette fehlt. Dabei muss aber theils daran erinnert werden, dass der Verfasser selbst erweislich bei der Bestimmung keine Namen oder Numeros im Museum zurückgelassen hat, dass aber später gedruckte Etiketten von O. SWARTZ den Arten aufgeklebt sind *nach der Reihe, in welcher Linnæus sie geordnet hatte*. Was nun die Cirripeden betrifft ist es nicht eine blosse Muthmassung, dass die kleinen in Pappschächtelchen liegenden Exemplare sämmtlich 7 auf einer und derselben Stelle verwahrt gewesen, die grosse Gruppe auf dem Holzfusse dagegen anderswo gestanden sei. Denn es zeugt die Donatio Gustavi Adolphi, dass diese Gruppe unter den sogenannten grösseren Paradenschnecken, zu denen z. B. Chama gigas, Chama hippopus und Turbo olearius gehörten, gerechnet worden, welche aber nicht unter den übrigen, sondern am Ende des Verzeichnisses für sich abgesondert stehen. Dieser Anordnung zufolge hat die grosse Gruppe sowie die Paradenschnecken im Allgemeinen, übrigens auch die Korallen, keine gedruckte Etikette bekommen.

Die weitläufige Erörterung dieser Frage hat darin ihren Grund, dass hier zwei verschiedene Arten vorliegen. Die *grosse* Kolonie, in deren Schalenkränzen ich mehrere Operculumplatten angetroffen habe, hat sich als *Balanus concavus* BRONN erwiesen. Es lebt diese Art in der Jetztzeit im Stillen Ocean nicht nur in dessen östlichen Theile bei der Küste Amerikas — Peru, Panama, California —, sondern auch westlich und südlich — Philippinen, Australia : fossil ist sie angetroffen: in *quartären* Ablagerungen — Peru —, in *tertiären* — N. Amerika (Virginia, Maryland) und Europa (Portugal, Italien) sowie im Coralline Crag Englands. Die hie und da mit einer gehärteten Kalkmasse gefüllten Schalenkränze der fraglichen Kolonie geben unzweideutig an, dass sie fossil gefunden ist.

Balanus concavus BRONN.

1764. Lepas balanus L. pro parte M. L. U. p. 464 (non L. balanus L., Syst. Nat. ed. 10. 1758.)
1814. tintinnabulum BROCCH. Conchiol. Subappennina t. 2. p. 597.
1818. Balanus cylindraceus var. C. LAMARCK, Animaux sans vertébres.
1831. concavus BRONN, Italiens Tertiärgebilde p. 127. N:o 729.
        1838. Lethæa geognostica bd. 2. s. 1155, tab. 36, fig. 12.
        1854. DARWIN, a Monograph on the Subclass Cirripedia, the Balanidæ. p. 235.
        Pl. 4. fig. 4 a—4 e. —

Nach dem Auffinden von 2—3 bestimmbaren Operculumplatten bei den Exemplaren der *kleinen* Gruppe habe ich entscheiden können, dass diese dagegen mit der späteren

Balanus amphitrite Darwin.

Bonanni, Rerum naturalium in Museo Kircheriano Historia, Classis I. tab. 6, fig. 34, 35 (veris.); 1709

1761.   Lepas balanus L. pro parte M. L. U. p. 466 (non   L. balanus L., Syst. Nat. ed. 10. 1758).
1791.   balanoides Poli, Test. utriusque Siciliae p. 23, tab. 5, fig. 2   7.
           Balanus   1826.   Risso, Hist. Nat. de l'Europe Merid. T. 4.
1815.   Lepas radiata Wood, General Conchology, Pl. 7, fig. 7.
?1815.   minor   Pl. 7, fig. 6.
1854.   Balanus amphitrite Darwin. Monograph on the Subclass Cirripedia, the Balanidæ p. 240, Pl. 5,
           fig. 2a– 2 o.

Was die von Linné für Lepas balanus citirten Autoren betrifft, so kann in den meisten Fällen wegen Mangel an besonderen Figuren oder Beschreibungen des Operculum die Identität nicht sicher festgestellt werden. So z. B. in Argenv. conch., Lister angl. und Lister conch., Klein ostr., Baster subs. Bei dem Citat von Lister angl. ist, anstatt tab. 5, tab. 2 angegeben worden.

Als ein Appendix mag nach der oben gemachten Auseinandersetzung der Hinweisungen zu früheren Autoren die Synonymik des *ursprünglichen Lepas Balanus* L. folgen, so wie sie zum ersten Mal in Systema Naturae ed. 10. 1758 bekannt worden ist. Weil sie dort von dem einzigen Citate — aus den Schriften Linnés — der Fauna suecica ed. 1. 1746, N:o 1349 begleitet wird, wo die gegenüber allen anderen schwedischen Balanen kennzeichnende Descriptio sich findet, kann nicht der geringste Zweifel über die Bezeichnung derselben entstehen. Nach Hanley[1] bleibt in der Linné'schen Sammlung des Linnéan Society Museum of London noch ein Balanide zurück, dessen Karakter und Fundort mit der Beschreibung des Lepas balanus in Fauna suecica ganz überein kommen. Bei Anwendung des Gattungsnamens Balanus durfte aber kein Hinderniss gegen das Beibehalten des gleichen Artennamens sich finden, indem theils mehrere Beispiele dergleichen Fälle aus der jetzigen Nomenclatur angeführt werden können, theils, innerhalb der fraglichen Gattung, die allgemein anerkannte Art *balanoides* geradezu eine Art *balanus* — sowie die beiden Arten zuerst in Fauna succ. ed. 2. 1761 genannt werden — voraussezt. Es ist also:

[1] S. Hanley, Ipsa Linnæi Conchylia, London 1855.

Balanus balanus L.

LINNÆUS. Fauna suecica ed. 1, p. 385, N:o 1349, 1746.   ELLIS, Philos. Transact. vol. 50, Tab. 34, fig. 18, 1758. Balanus arcticus patelliformis.

1758. Lepas balanus L. Syst. Nat. ed. 10, p. 667.
         1780. BOHN. Test. Mus. Cæs. descr., Tab. 1, fig. 4.
         1785. CHEMNITZ, Syst. Conch., 8. Band, tab. 97, fig. 820.
1778. Balanus porcatus DA COSTA, Hist. Nat. Test. Britanniæ p. 249, N:o 69.
         1854. DARWIN, Monogr. on Cirripedia p. 256, pl. 6, fig. 4 a—4 c.
1789.   sulcatus BRUGUIÈRE. Encyclop. Method., tab. 164, fig. 1.
1802—4. Lepas costata und balanus DONOVAN, British shells, tab. 30, fig. 1, 2.
1815.   scotica W. WOOD, Gener. Conchol. pl. 6, fig. 3 (sed non Lepas balanus, pl. 7, fig. 3).
1818. Balanus angulosus LAMARCK in CHENU, Illustr. Conch. tab. 11, fig. 11.
1818.   tessellatus SOWERBY, Mineral Conchol. tab. 84.
1827.   scoticus BROWN, Illustr. Conchol. Great Britain pl. 7, fig. 2. (sed non pl. 6, fig. 9—10); 2. Aufl. pl. 53, fig. 1 —3, 22, 23 und pl. 54, fig. 1—3.
1830.   » geniculatus CONRAD, Journ. Acad. Philad., vol. 6, pars 2, p. 265, tab. 11, fig. 16.
         1841. A. GOULD, Rep. on the Invertebrata of Massachusetts, fig. 9.

2. Lepas tintinnabulum L.

Lepas testa conica, rugosa, obtusa.

Systema Naturæ ed. 10, 1758:
    Lang. Test. 1. Balanus tintinnabuliformis, lævis.
    Rumph. Mus. t. 41, f. A.
    Gualt. Test. t. 106, f. II.
    Argenv. conch. t. 30, f. A.

Museum Ludoricæ Ulricæ 1764:
    Act. angl. v. 2, t. 34, f. 8, 1758.

Systema Naturæ ed. 12, 1767:
    Habitat in O. Europæo.

Testa conico-gibba, extus sulcata, sulcis obtusis; areis valvularum apicibus interjectis senis, transverse striatis.

In *Syst. Nat. ed. 10.* 1758 wird unter den Synonyma angefügt: valde affinis præcedenti (= L. balanus), sed pollice crassior.

Nach dem Kataloge THUNBERGS: »Donatio Gustavi Adolphi« fanden sich in der Sammlung 3 mit diesem Namen signirte Schächtelchen. Sie sind alle noch gut bewahrt und zwar finden sich in allen die gewöhnlichen Etiketten, nämlich die gedruckte (Swartzische) auf den Exemplaren selbst befestigt und zwei mit der Hand THUNBERGS geschriebene — die eine den Artennamen, die andere »Mus. Gust. Ad.« enthaltend — auf der Baumwolle angeklebt. In einer Schachtel findet sich eine Gruppe ans 1 grossen – 17 Mm. hohen, 13 Mm. dicken — und 10 kleineren Exemplaren bestehend; das grosse ist roth, die kleineren entweder deutlich oder schwach rothgestreift. In der zweiten Schachtel ist nur ein Exemplar — 20 Mm. hoch, 19 Mm. in Quermass über Carina --, rothgestreift. In der dritten finden sich 3 Exemplare — 10 Mm. hoch, 14 Mm. in Quermass   auf einem Holzstückchen und einer Muschel aufsitzend, sämmtlich mehr dunkelroth als jenes Exemplar. In keinem Exemplar ist das Operculum aufbewahrt, was übrigens schon zur Zeit der Abfassung der Diagnose der Fall gewesen sein möchte; es fehlt somit der sicherste Anhaltspunkt der Vergleichung. Jedoch spricht, was die Exemplare der beiden erstgenannten Schächtelchen betrifft, Alles, Bau der Platten und Farbe, dafür, dass sie identisch sind. Diejenigen der letztgenannten Schachtel (3 Ex.) muss ich bei Seite lassen; durch die, wie es scheint, nicht durchgebohrten Radii sind sie von jenen verschieden und wahrscheinlicherweise der späteren Balanus amphitrite angehörig.

Jene aber sind:

Balanus tintinnabulum l.

RUMPHIUS, Amboin. t. 41. f. A. 1705.   GUALTIERI, Index testarum Conchyliorum t. 106, f. II. 1 (verisim.); 1742. — ELLIS, Philos. Transact. vol. 50, tab. 34, fig. 8, 9, 1758.

1758. Lepas tintinnabulum l. Syst. Nat. ed. 10, p. 668, N:o 6.
      1764. LINN.ÆUS, Mus. Ludov. Ulr. p. 466, N:o 3.
      1767.   Syst. Nat. ed. 12, p. 1108, N:o 12.
      1785. CHEMNITZ, Neues Syst. Conch., 8 B., tab. 97, fig. 828   831.
      1815. W. WOOD, Gener. Conchology, Pl. 6, fig. 1, 2.
Balanus   1843--45. CHENU, Illustr. Conchol. Pl. 2, fig. 1, 8; Pl. 3, fig. 1   5; Pl. 5, fig. 1.
1783(—86). Lepas crispata var. SCHROTER, Einleit. Conch. vol. 3, tab. 9, fig. 21.
             (non var.) 1815, W. WOOD, Gener. Conchol.
1788.   spinosa var. GMELIN, Linnæi Syst. Nat.
             (non var.) 1815. W. WOOD, Gener. Conchol.
1789. Balanus tulipa BRUGIÈRE, Encyclop. Meth. (non = B. tulipa CHEMNITZ, necnon   B. tulipa O. F. MÜLLER, Zool. Dan. necnon   B. tulipa POLI, Test. utr. Sic.).
            1820 25. G. B. SOWERBY, Genera of recent and fossil Shells, Tab. Genus Balanus.
1815. Lepas porcata W. WOOD, Gener. Conchol.
1818. Balanus crassus (foss.), SOWERBY, Miner. Conchol. Tab. 84.
1843—5.   d'Orbignii var., CHENU, Illustr. Conchol. Pl. 6, fig. 10 (sed non Pl. 4, fig. 13).

3. Lepas testudinaria L.

Lepas testa plano-convexa, radiis sex excavatis, striatis.

Praelectiones 1752 (Verruca testudinaria):
  Gualtieri test. t. 106, f. M. N. O.
  Planc. conch. t. 5, f. 2, 3. Balanus compressus major.

Systema Naturæ ed. 10. 1758:
  Bonanni kirch. 1, Tab. VI, f. 36—37.
  Rumphius Mus. t. 40, f. K. Verruca testudinaria.
  Petiver gaz. t. 9, f. 9.
    »   amboin. t. 1, f. 11.
  Klein ostr. tab. 12, f. 99. Astrolepas: pediculus testudinarius. Schild-
                                padt-Luis.

Museum Ludovicæ Ulricæ 1764:
  Ginan. adr. 41, t. 30, f. 175.

Systema Naturæ ed. 12. 1767:
  Act. angl. v. 2, t. 34, f. 12, 13. 1758.

Systema Naturæ ed. 10. 1758:
  Habitat in Pelago, sæpe in Testudinibus.

Systema Naturæ ed. 12. 1767:
  Habitat in Pelago, sæpe in Testudinibus, in M. adriatico.

Testa ovali-suborbiculata, leviter convexa, glabra, albida, radiata: radiis sex, ab apertura ad marginem subulatis, excavatis, transverse striatis. Subtus constans laminulis numerosis, inæqualibus, serrulatis.

Apertura clausa valvulis quattuor, obtusis, conniventibus in rimam longitudinalem.

Was die Descriptio betrifft, ist die Anzahl der Schliessplatten der Öffnung in M. L. U. zu *sechs* angegeben. Es ist dies offenbar ein Schreibfehler, denn wie überall bei den Balaniden besteht das Operculum nur aus 4 Platten. Diese sind sogar in dem einen Exemplare beibehalten. Auch heisst es ganz richtig in den Praelectiones 1752[1]: ·Har 6 valvulæ sammanväxta i ett; ganska litet upphöjd, utan merendels flat, utholkad med 6 strimmor; är täckt med 4 valvulæ, de andre utgöra sidorna.·

In Donatio Gustavi Adolphi sind von der fraglichen Art 2 Exemplare aufgezeichnet. Ganz richtig finden sich auch zwei mit gedruckten Etiketten versehene Exemplare, die

[1] Codex D, 160 in der Universitätsbibliotek zu Upsala.

Chelonobia testudinaria L.

Rumphius, Amboin. t. 40, f. K., 1705. Bonanni, Rerum natur. in Museo Kircheriano Historia, classis I, tab. VI, fig. 36. 37, 1709. Petiver, Gazophylacii naturæ decad. t. 9, fig. 9, 1702. 11. Petiver, Aquat. anim. Amboinæ icones t. 1, f. 11, 1713. Plancus, de Conchis minus notis t. 5, fig. 2, 3, 1739. — Gualtieri, Index testarum conchyliorum t. 106, fig. M. N. O., 1742. Linnæus, Prælectiones 1752 Ms. Verruca testudinaria. Klein, Tentamen methodi ostracologicæ t. 12, fig. 99, 1753. Ginanni, Opere postume, 41, tab. 30, f. 175, 1755. Acta angl. v. 2, t. 34, f. 12, 13, 1758. — Ellis, Philos. Transact., vol. 50, Pl. 34, fig. 12, 1758. Verruca testudinaria.

1758. Lepas testudinaria L. Syst. Nat. ed. 10, p. 668, N:o 7.
         1764. Linnæus, M. L. U., p. 467, N:o 4.
         1767. Syst. Nat. ed. 12, p. 1108, N:o 14.
         1791. Poli, Test. utriusque Sicil., Tab. 5, fig. 8. 11.
Coronula   1820. Ranzani, Mem. di Storia Naturale Dec. 1.
         1825. De Blainville, Manuel de la Malacologie, p. 600, pl. 86, fig. 2.
Chelonobia   1854. Darwin, Monogr. on Cirripedia, the Balanidæ, p. 392, pl. 14, fig. 1. 5; pl. 15, fig. 1.
1778. Balanus polythalamius Bock, Naturforscher, St. 12, fig. 9.
1824. Chelonobia Savignii ? Leach, Encyclop. Brit., Suppl., vol. 3.
1825. Astrolepas rotundarius J. E. Gray, Annals of Philos. (new ser.), vol. 10.

4. Lepas mitella L.

Lepas testa compressa erecta difformiter striata, basi imbricata.

Prælectiones 1752: Lepas mitella:
Argenv. Conch. t. 30, f. E.
Rumph. t. 47, f. M (A).
Petiver gaz. t. 6, f. 10. Balanus chinensis striatus.

Systema Naturæ ed. 10. 1758:
Lang test. 4. Balanus tulipæformis striatus.
Klein ostr. t. 12, f. 100. Mitella: »myterje«.

Museum Ludoviæ Ulricæ 1764:
Seba Thesaur. 3, t. 16, f. 3.
Acta angl. v. 2, t. 34, f. 4. 1758.

Systema Naturæ ed. 12, 1767:
Gesn. Aqu. 121. Balanus rondeletii.

Systema Naturæ ed. 10 et 12:
Habitat .....

Testa compressa: valvulis octo, quarum 4 interiores bifariam conniventes,
2 anteriores majores, 2 posteriores breviores.
Exteriores quattuor, quarum anterior posteriorque cymbiformes incurvæ.
Posterior brevis. Laterales duæ triangulares adpressæ. Insuper squamæ plurimæ, parvæ, basin testæ cingentes. Basis tubulosa, imbricata, squamis minutis.
Valvulæ omnes difformiter, fere ad angulum acutum striatæ.

Ein einziges Exemplar — ohne Pedunkel; das Capitulum 28 Mm. lang, 30 Mm.
breit — vorliegt, mit der gewöhnlichen Signirung.

In den Praelectiones 1752 wird von Mitella gesagt: »Drakekronan; ty den är hopkramad som en tuppkam, hvarföre somliga af de gamla trott, att det ej vore någon snäcka utan en drakes kam. Den är mest alltid röd; bestar af 8 valvulis, af hvilka de 4 inre äro bifariam conniventes; de som äro vid basen äro som sma fjäll: alla valvulæ äro striatæ ad angulum acutum». Vergl. die Ähnlichkeit der Ausdrücke: »8 valvulis ... acutum» mit der Descriptio in Mus. Lud. Ulr.!

Was das Citat aus *Seba* betrifft, stellt die fragliche Fig. 3, Tab. 16 zwar die Capitula von Pollicipes mitella dar; die Pedunculi dagegen gehören dem P. polymerus an. Es sagt der Verfasser davon: »concharum anatiferarum species tertia, coronaria, ex Indiis orientalibus — — — longis quoque collis sive fistulosis funiculis uti priores N:o 1» (— Lepas anatifera mit sehr langen Pedunkeln) »instructæ sunt; - color est cinereoflavus et albicans: colla tamen obscure grisea sunt».

Pollicipes mitella L.

LINNÆUS, Praelectiones 1752 Ms. (Lepas) Mitella. — KLEIN, Tentamen methodi ostracologicæ, tab. 12, fig. 100, 1753. - SEBA, Rerum naturalium thesauri descriptio, tom. 3, tab. 16, N:o 3 (Obs. tamen: *capitula* P. mitellæ, *pedunculi* P. polymeri), 1758.

1758. Lepas mitella L. Syst. Nat. ed. 10, p. 668, N:o 8.
            1764. LINNÆUS, Mus. Lud. Ulr. p. 467, N:o 5.
            1767.   Syst. Nat. ed. 12, p. 1108, N:o 15.
Pollicipes mitella L. 1820 - 25. G. B. SOWERBY, Genera of Shells. fig. 2.
            1851. DARWIN, Monogr. on the Cirripedia, the Lepadidæ p. 316, pl. 7, fig. 3.
Polylepas   1825. DE BLAINVILLE, Manuel de Malacologie p. 595, pl. 84. fig. 5.
Capitulum   1825. J. E. GRAY, Annals of Philos., new ser., vol. 10.

5. Lepas anatifera L.

Lepas testa compressa quinquevalvi lævi intestino glabro insidente.

Fauna suecica ed. 1. 1746, p. 385. N:o 1350; Lepas testa compressa, basi membrana cylindracea.

Argenv. nat. 364, t. 30, f. F. Concha anatifera adhærens.

Petiv. mus. 82, n. 862. Balanus anatifera.

Barth. cent. 6, p. 271. Concha anatifera major.

Worm. mus. 256. Concha anatifera.

List. hist. 23, t. 440. f. 283. Concha anatifera margine lævi.
exerc. t. 7, f. 4, 5.

Stalpart. obs. 2, p. 458, t. 15. Conchæ falsis gravidæ anseribus.

Bonanni, Mus. Kirch. classis 2, f. 2. Tellina pedata.[1]

Sennert. hypomn. 2, c. 8. Concha anatifera.

Sibb. mus. 170, N:o 2.[2]
scot. 2, l. 3, c. 12, t. 18, f. 1. Concha anatifera.

Aldr. exsang. 543. Conchæ anatiferæ ex arbore dependentes.

Grew. mus. 148. Balanus compressa.

Lob. ic. 2, p. 250. Conchæ anatiferæ britannicæ.

Bauh. pin. 513, n. 1, 2, 3.[3]
-- hist. 3, p. 803.[4]

Hoffn. ins. 3, t. 6. Concha anatifera vulgo Branta et Bernicla.

Chabr. sciagr. 580, f. 3, 4. Arbores conchiferæ et anatiferæ dictæ.

Prælectiones 1752:
Gualt. test. t. 106, f. A. (B, C.) D.
Planc. conch. t. 5, f. 4.

Systema Naturæ ed. 10. 1758:
Aldr. orn. c. 20, f. 548. Concha anatifera.
Maregr. bras. 188.
Osb. iter 82. Lepas anatifera e. Tritone.
List. conch. t. 440, f. 283.
Argenv. conch. pl. 7, f. I—P.
Column. phytob. 110, t. 30.
Needh. micr. t. 7, f. 1, 2 et t. 6.

---

[1] Der Name kommt zuerst in Syst. Nat. ed. 10 vor.

[2] Concha quinquevalvis compressa, tubulo quodam lignis aut algæ marinæ adhærens; animal sui generis multis cirrhis instructum continens, falso dicta anatifera.

[3] Arbor ex cujus ligni putredine vermes. Arbores anatiferæ.

[4] Anates conchiferæ vel anatiferæ, falso dictæ aut Tellinæ aut Balani.

Museum Ludovicæ Ulricæ 1764:
Fauna Suec. Ed. 2, 1761, N:o 2120.
Seba Thesaur. 3. t. 16. fig. 1 (2).
Act. angl. v. 2, t. 34, f. 6. 1758.

Systema Naturæ ed. 12. 1767:
Imperat. Nat. 904. Concha pedata.

Fauna succica ed. 1. 1746:
Habitat in mari atlantico super ligna.

Systema Naturæ ed. 10. 1758 et ed. 12. 1767:
Habitat in Pelago.

Fauna succica ed. 2. 1761:
Habitat in Oceano super ligna frequens.

Testa compressa valvulis duabus majoribus, subtriangularibus, conniventibus; singulis acutis, latere altero versus apicem, valvula oblonga.
Valvula insuper quarta lanceolata, cymbiformis, loco carinæ.
Basis cylindrica membranacea intestiniformis.

In den *Vorlesungen* von 1752 findet sich ausser den oben angeführten Citaten folgendes: Ser ut som en mussla, men bestar af 6 delar, af hvilka 2:ne äro stora och formera större delen af sidorne, en på hvardera sidan vid spetsen och en på hvardera sidan der den öppnar sig: finnes alltid på nagot flytande trästycke, hvarvid den fäster sig med sitt intestinum, som ser ut som ett finger. När man rörer henne, drar hon ihop den helt kort. Om denna hafva de gamle haft atskilliga underbliga meningar: hon har varit för dem ett stort skäl till generatio aequivoca. De trodde att den skulle växa på ruttna trästycken som flöte i hafvet just som svampar på träden som de ock trodde ske per generationem aequivocam. Men som de sago att denna var mest luden af fjäder, d. ä. af Polyper, sa trodde de att häraf matte födas en fogel. Nu var Anser scoticus eller Bernicus. Faun. suec. 91, en fogel som alltid kläckte ut sina ungar up vid Isbafvet, så att de ej fingo se dess ägg. Dermed beslöto de, att denna mätte häraf framkomma. Somliga trodde att det var frukten af ett trä, hvaraf desse slags gäss härflöto. Dertill lärer väl gifvit anledning att de alltid finnas fästade vid trä: tör ock hända att nagot trä statt vid hafsstranden, hvars qvistar böjt sig ned i hafvet och de da sett att denne sutit fästad vid dem. Sennertus de generatione aequivoca skrifver rätt mycket härom.

In *Systema Naturæ* ed. 10. 1758 steht nach dem Fundorte: *duplex* varietas: *lævis* quæ frequentior, *striata* quæ saepius fossilis observatur. Da aber lævis von der Testa in der ursprünglichen Diagnose gebraucht wird, ist jene Varietas somit als Hauptform zu betrachten.

In Fauna suec. ed. 2. 1761 ist in der Diagnose zwischen intestino und insidente *glabro* eingeschoben.

Über die Citaten sei bemerkt, dass in Gualtieri, test. nur die Figuren A und D auf Taf. 106 wahrscheinlich hierher gehören; weshalb B und C eingeklammert worden. In Seba, Thesaurus 3, t. 16 bezeichnet Fig. 1 die fragliche Art, Fig. 2 dagegen scheint Lepas Hillii zu sein.

Das vorliegende Exemplar hat ein 25 Mm. langes, 22 Mm. breites Capitulum.

Lepas anatifera L.

LINNÆUS, Fauna suecica ed. 1, p. 385, N:o 1350, 1746.   Prælectiones 1752. Ms. Concha anatifera. SEBA, Rerum naturalium thesauri descriptio, tom. 3, tab. 16, N:o 1; 1758.

1758.   Lepas anatifera L.   Syst. Nat. ed. 10, p. 668, N:o 9.   Die Hauptform levis .
       1761.   LINNÆUS, Fauna Suec. ed. 2, p. 514, N:o 2120.
       1764.   Mus. Lud. Ulr., p. 468, N:o 6.
       1767.   Syst. Nat. ed. 12, p. 1109, N:o 18.
       1851.   DARWIN, Monogr. on Cirripedia. the Lepadidæ, p. 73, tab. 1, fig. 1.
1789.   Anatifa dentata var. BRUGUIÈRE, Encycl. Méth. (des Vers).
1825.   Pentalepas lævis DE BLAINVILLE, Manuel de la Malacologie, p. 594, pl. 84, fig. 3.
1827.   Pentalasmis dentatus var. BROWN, Illustr. Conch.   Pl. 52, fig. 5.
1835.   Anatifa sp. MARTIN S:T ANGE, Mém. sur l'organisation des Cirripèdes.
1837.   engonata CONRAD, Journ. Acad. Nat. Sc. Philad., vol. 7, p. 262, pl. 20, fig. 15.
1847.   lævis CHENU, l'Histoire natur. des Animaux p. 350, fig. 1216.